ROMANCE

J.W. Rochester
WERA KRIJANOWSKAIA

6ª edição
Do 3.500º ao 6.500º milheiro
3.000 exemplares
Novembro 2016

© 2000 - 2016 by Boa Nova Editora

Capa
Rafael Sanches

Projeto gráfico e diagramação
Juliana Mollinari

Revisão
Lúcia Helena Lahoz Morelli
Sérgio de Moura Santos

Tradução
Alla Gueorguevna Dib

Assistente Editorial
Ana Maria Rael Gambarini

Coordenação Editorial
Ronaldo A. Sperdutti

Todos os direitos reservados. Nenhuma parte desta obra pode ser reproduzida ou transmitida por qualquer forma e/ou quaisquer meios (eletrônico ou mecânico, incluindo fotocópia e gravação) ou arquivada em qualquer sistema ou banco de dados sem permissão escrita da Editora.

O produto da venda desta obra é destinado à manutenção das atividades assistenciais da Sociedade Espírita Boa Nova, de Catanduva, SP.

ROMANCE

WERA KRIJANOWSKAIA

FEITIÇO INFERNAL

Instituto Beneficente Boa Nova
Entidade coligada à Sociedade Espírita Boa Nova
Av. Porto Ferreira, 1.031 | Parque Iracema
Catanduva/SP | CEP 15809-020
www.boanova.net | boanova@boanova.net
Fone: 17 3531.4444 | Fax: 17 3531.4443

Dados Internacionais de Catalogação na Publicação (CIP)
(Câmara Brasileira do Livro, SP, Brasil)

Rochester, John Wilmot, Conde de (Espírito).
  Feitiço infernal / J. W. Rochester ; [obra psicografada pela médium russa] Vera Ivanovna Kryzhanovskaia ; [tradução Alla Gueorguevna Dib]. -- Catanduva, SP : Boa Nova Editora, 2016.

  ISBN 978-85-8353-066-4

  1. Espiritismo 2. Ficção espírita 3. Psicografia I. Kryzhanovskaia, Vera Ivanovna, 1861-1924. II. Título.

16-08815   CDD-133.9

Índices para catálogo sistemático:

1. Ficção espírita : Espiritismo   133.9

Folha de rosto do original russo

В. И. Крыжановская

(Рочестер)

АДСКИЕ ЧАРЫ

РОМАН

Sumário

Prefácio 9
Capítulo 1 11
Capítulo 2 25
Capítulo 3 39
Capítulo 4 55
Capítulo 5 73
Capítulo 6 91
Capítulo 7 99
Capítulo 8 111
Capítulo 9 121
Capítulo 10 135
Capítulo 11 149
Capítulo 12 165

Prefácio

Os seres humanos exploraram todas as fronteiras na face da Terra, cruzaram os céus mais longínquos, caminharam pela superfície da Lua, exploraram o espaço cósmico e buscam alcançar as mais distantes estrelas e planetas. No entanto, com todo o conhecimento adquirido e acumulado através dos séculos e séculos, não conseguiram ainda desvendar os mistérios insondáveis do mundo interior.

A viagem para o desconhecido, para os vales da vida invisível é uma travessia para os fortes e sedentos do conhecimento espiritual. Esta caminhada é para todos aqueles que dispõem da verdadeira intenção de descobrir as leis desconhecidas que regem a humanidade.

Muitos indivíduos do Ocidente e do Oriente contribuíram para que a ampliação do conhecimento espiritual atravessasse os milênios e chegasse nos anos mais recentes. Na realidade, as obras do Conde J. W. Rochester pelas mãos iluminadas de Wera Krijanowskaia são verdadeiros documentos que atestam a imortalidade da alma, a lei das vidas sucessivas, a existência do mundo espiritual e a dedicação incansável dos Benfeitores Espirituais no trabalho de orientação e evolução da humanidade.

Para finalizarmos este breve prefácio recorremos a questão 555 de *O Livro dos Espíritos* para melhor entendimento da obra O Feitiço Infernal.

"Que sentido se deve dar à qualificação de feiticeiro?
– Aqueles a quem chamais feiticeiros são pessoas, quando de boa-fé, dotadas de certas faculdades, como a força magnética ou a segunda vista. Então, como eles fazem coisas que não compreendeis, os acreditais dotadas de uma força sobrenatural. Vossos sábios, frequentemente, não passam por feiticeiros aos olhos das pessoas ignorantes?

O Espiritismo e o Magnetismo nos dão a chave de uma multidão de fenômenos sobre os quais a ignorância bordou uma infinidade de fábulas, onde os fatos são exagerados pela imaginação. O conhecimento claro dessas duas ciências, que por assim dizer são apenas uma, mostrando a realidade das coisas e sua verdadeira causa, é o melhor preservativo contra as ideias, supersticiosas, porque mostra o que é possível, o que é impossível, o que está nas leis naturais e o que é uma crença ridícula."

Boa Nova Editora.

Capítulo 1

Era um dia frio e úmido de outono. Chovia desde cedo. Calçadas e passeios estavam cobertos de lama.

Uma jovem, envolta em uma capa impermeável, caminhava apressadamente sobre os charcos de uma das ruas do bairro Peskov.

Na entrada de uma das casas de um só andar, que ainda se conservavam naquela parte da cidade, ela parou e tocou a campainha.

– E então? Mamãe já voltou, Nastia? – perguntou ela à empregada que havia aberto a porta.

– Ainda não, senhorita. Sua mãe disse que não voltaria antes do almoço – respondeu Nastia, tirando-lhe a capa e a blusa molhadas e tomando seu guarda-chuva.

– Que tempo horrível, meu Deus – tagarelava Nastia, seguindo a moça.

– Sim, o tempo está horrível e o vento, muito frio. Estou completamente gelada! – respondeu a moça.

À medida que conversavam, passaram pela sala de jantar, decorada com gosto, pelo corredor, iluminado por uma lâmpada, e entraram num lindo e espaçoso quarto, mobiliado com conforto; a cama, sob a cortina branca de musselina, e a penteadeira, ocupada com bibelôs de todos os tipos, completavam o mobiliário.

— A senhorita deseja que sirva o chá? A água já está fervida — perguntou a empregada, pendurando na cadeira as luvas molhadas para secar e guardando na caixa de papelão o chapéu.

— Ah, sim, Nastia, tomarei com prazer uma xícara de chá quente. Prepare-a para mim, rapidamente.

Ao ficar só, a moça sentou-se numa poltrona profunda e baixa e, atirando a cabeça para trás no encosto estofado, mergulhou numa meditação desagradável, o que era possível supor pelo sobrolho carregado e pela expressão colérica e amarga do rosto.

Kira Viktorona Nagorskaia tinha 24 anos; era loira, esbelta e bonita; tinha grandes olhos negros e uma maravilhosa cor de pele; os cílios longos e as sobrancelhas felpudas davam a seu rosto uma valente expressão original.

Kira fora criada no luxo. Seu pai, um general, ocupara uma posição de alta patente no mundo dos militares e vivera à larga. Com a ajuda de sua esposa, mulher muito mundana e esbanjadora, despendera todos os seus bens, e quando de sua morte — havia uns cinco anos — nada sobrara para a viúva e os filhos, salvo uma pensão, aliás bem suficiente para lhes garantir uma vida sem pobreza. Entretanto, sem dúvida, não era a posição a que elas estavam habituadas.

Kira recebera uma brilhante educação num dos privilegiados colégios internos, porém uma educação puramente superficial — ninguém se ocupara de sua alma. Ninguém se dera o trabalho de inspirar nela os fundamentos e convenções religiosos e morais, de incutir em seu espírito aquele algo que guia e apóia uma pessoa nas provas complicadas e nas eventualidades da vida. Em lugar disso, Kira habituara-se desde cedo a vestir-se na última moda, a exibir-se e a correr atrás de divertimentos.

Uma tal educação dera, claro, seus frutos, e aos 18 anos Kira, apesar do inato espírito prático, transformara-se numa moça leviana, sem qualquer tipo de ideais.

Ela considerava a vida uma contínua festa que jamais acabaria. Sair de casa o mais frequentemente possível, divertir-se, vestir roupas bonitas e conquistar corações – nisso ela via a finalidade da vida.

Na sua opinião, não valia a pena poupar meios para conseguir esse objetivo. Ela persistentemente procurava conhecimentos "proveitosos", não confiava em amigas e fazia todo o possível para encontrar um brilhante partido que pudesse garantir-lhe todos os bens da vida terrena.

Se esse homem que lhe daria posição e fortuna fosse jovem ou velho, bonito ou feio, para ela não fazia diferença. Desde a infância vira e ouvira tantas coisas que nada mais a chocava ou surpreendia. A poesia da vida morrera em sua jovem alma; ela não sonhava com amor e procurava somente uma posição firme que lhe desse a possibilidade de desenvolver livremente suas metas.

Uma vez que obtivesse um marido "decente", poderia divertir-se com algum namorico leve – isso, é claro, apagando bem os rastros...

Sua mãe – que também tinha se divertido muito em sua época – costumava dizer que somente as tolas se deixavam apanhar. As regras de bom-tom deveriam ser observadas, e quanto ao resto não era da conta de ninguém, salvo do Nosso Pai.

A morte do pai abalara fortemente seus planos e esperanças. A necessidade de trocar uma vida folgada pela modesta vida vegetativa de "pequena-burguesa" causava-lhe grande desgosto. Além disso, sua mãe, apesar da idade, continuava a ser a mesma coquete e gastava com as próprias necessidades quase todo o dinheiro que poderia economizar com as despesas de casa; Kira tinha mais dois irmãos, que estudavam na Escola Naval.

Muito irritada, chegando a cair em desespero pelas pequenas picadas de amor-próprio (quando a posição social piora, o amor-próprio sempre sofre), Kira decidira ganhar dinheiro e conseguira, numa editora, trabalhos de tradução de francês e inglês. Isso lhe dava até 60 rublos por mês, e esse salário ela podia gastar livremente com vestidos e diversões.

Acostumara-se a sair sozinha porque a viúva do general não gostava muito de acompanhar a filha adulta, que a fazia parecer mais velha.

Com Kira ganhando algum dinheiro e com a mãe tendo herdado a casinha onde elas moravam – o que as livrava de gastos com aluguel –, o conforto de ambas aumentara. Elas agora tinham a possibilidade de se divertir, frequentar teatros, concertos e bailes; numa palavra: divertiam-se cada uma por si mesma.

Naquele dia, quando começava nossa história, Kira voltara para casa muito mal-humorada. A esperança de conseguir um bom partido fracassara novamente e ainda inesperadamente.

Na casa de uma de suas amigas, ela encontrara um jovem rico que ocupava um lugar de bastante evidência no ministério. Alexei Arkadievitch Bassarguin parecia estar entusiasmado com a beleza e a faceirice de Kira. O jovem fizera uma visita à família Nagorskaia e tornara-se um frequentador das festinhas de sua casa. Tudo corria às mil maravilhas e ela preparava-se para cantar vitória.

Gostava muito de Bassarguin e até chegara a pensar que seria possível não trair um marido como ele. Não trairia, claro, enquanto não sentisse a necessidade premente de "divertir-se". Conforme os romances franceses, dos quais gostava tanto, tais aventuras seriam necessárias para sustentar a beleza feminina e o frescor do temperamento.

De repente algo acontecera... Alexei Arkadievitch parara de visitar a casa de Kira! E naquele dia, ela soubera que circulavam rumores na sociedade dando conta de que Bassarguin se casaria com uma das filhas do ministro, moça feia, mas em compensação muito rica.

Guardando raiva e desespero no espírito, Kira voltara para casa.

Para que serviam sua beleza, sua graça e sua fina faceirice se qualquer mulher feia com a bolsa bem cheia poderia substituí-la? Que maldição era aquela pobreza! Será que seu destino seria arrastar uma existência miserável tal como a de agora durante toda a sua vida, trabalhar em redações, andar a pé em qualquer tempo, e viver assim os melhores anos de sua mocidade, para se casar finalmente com um pobre funcionário somente para não ficar solteirona?

Eis o que pensava ela, reclinada na poltrona. De repente, angústia e melancolia apertaram seu coração, de forma que ela cobriu o rosto com as mãos e lágrimas amargas começaram a correr de seus olhos.

Estava tão absorvida pela dor que nem percebeu quando a empregada entrou no quarto, trazendo uma xícara de chá e um prato com sanduíches.

Nastia era uma moça do campo, cheia de bonomia e com aparência fresca; essa imagem a fizera ser considerada na cidade uma empregada esmerada. Ela gostava de sua patroa, que a tratava bem, era indulgente e frequentemente lhe dava presentes.

Vendo que Kira estava chorando, parou, indecisa, olhando-a com compaixão. Mas, sendo esperta e observadora, Nastia logo entendeu a causa daquelas lágrimas e daquele desgosto.

Notara, é claro, que o elegante senhor que sempre as visitava, chegando de carruagem com trotadores próprios, de repente deixara de frequentar a casa. Ela entendera também que o desaparecimento de um admirador tão rico, podendo vir a ser um futuro noivo, cruelmente amargurava sua patroa.

Nastia pensou um minuto, mordeu os lábios, depois colocou decididamente a bandeja na mesa, aproximou-se de Kira e tocou-lhe a mão.

– Não chore, querida. Se a senhorita quiser visitar uma feiticeira que conheço, ela a casará com quem a senhorita quiser.

Essas palavras ela enfatizou.

Kira pôs-se ereta e ruborizou, pelo visto aborrecida.

— Que tolices você inventa! Nenhuma bruxa pode me ajudar, aliás, bruxas nem existem, há somente enganadoras, que deixam sem nada os bobos. Dê-me o chá!

Nastia corou.

— Ah! A senhorita é tão inteligente e não acredita em feitiços — balançando a cabeça com desaprovação, disse Nastia. — Não acreditar naquilo que qualquer um sabe com toda a certeza! Minha feiticeira, asseguro à senhorita, não a enganará e pode fazer tudo. Eu sei porque experimentei.

Kira não conseguiu se conter e pôs-se a rir.

— Isso é outra coisa. Conte-me o que aconteceu com você, assim pode ser que eu acredite.

— Ah, minha querida! Eu contarei tudo, tintim por tintim. Desejo tudo de bom para a senhorita. Espero que, por sua vez, a senhorita não me entregue; especialmente não conte para a patroa.

— Não, não contarei. Pode ficar sossegada. Fale!

— Eis como tudo aconteceu: Na taverna em frente serve um lacaio de quem eu gosto muito. Ele é muito bonito e elegante, um verdadeiro "janota"; e além do mais é meu conterrâneo. Sabe, ele guarda oitocentos rublos na poupança e tem um bom terreno lá na sua terra natal. Chama-se Vikenti Makovkin. Coloquei na cabeça que quero casar com ele! Porém ele, tratante, corteja todas as mulheres que estão ao seu alcance e especialmente a cozinheira do senador, que mora naquela casa. É um desgosto tão grande para mim que nem posso expressar. Um dia visitei a minha comadre, a esposa de um policial, e contei-lhe a minha desgraça. E aí Axinuchka me disse: "Fique tranquila, você se casará com seu Vikenti. Só vou levá-la a uma mulher. Ela tem grandes poderes: encontra o que foi perdido ou roubado, semeia a discórdia, sabe enfeitiçar, pode fazer qualquer pessoa se casar; e, se quiser, poderá mandar qualquer um para o outro mundo e ainda de tal modo que isso nem passaria pela cabeça de alguém. Nesta noite nós a visitaremos e o negócio será feito. Claro, ela não faz para qualquer um porque teme a polícia; mas comigo ela tem amizade".

– E você esteve lá?
– Sim, estive. Ela mora perto do cemitério Volcov e lá é assustador, principalmente à meia-noite... Os rituais dela também são assustadores, mas ajudam... Em poucas palavras, depois de fazer tudo que devia, deu-me uma garrafa de água e disse: "Amanhã, você própria ferva esta água e, em menos de dois dias e duas noites, ele virá até você para lhe pedir em casamento". Fiz como ela disse, e o que a senhorita acha que aconteceu? No mesmo dia, à noite, veio Vikenti, trouxe laranjas e bombons e pediu-me para casar com ele, porque se apaixonara por mim. Há duas semanas que estamos noivos e depois do ano-novo nos casaremos.

Kira a ouvia com desconfiança, mas ao mesmo tempo estava surpresa.

– Pois isso pode ser uma simples coincidência. Vikenti casaria com você, mesmo sem bruxaria.

– Não, ele nem pensava nisso. Só que aquela mulher, que tem poder sobre os mortos, também pode mandar nos vivos.

– Ouça que tolices você está falando! Que tipo de poder ela pode ter sobre os falecidos?!

– Veja, ela capta suas almas e as fecha em grandes garrafões que manda fazer na fábrica, por encomenda.

Kira começou a rir.

– Não é para rir, senhorita – calorosamente pôs-se a tagarelar Nastia. – Axinuchka jura que ela própria viu os garrafões com almas no porão da casa da velha. Quando enterram alguém, sua alma sai do túmulo e a bruxa logo a pega lá. Por isso ela mora ao lado do cemitério.

Kira não objetou e ficou pensativa. A curiosidade dela fora incitada. Em todo caso, seria interessante ver uma feiticeira. Mesmo que ela não apanhasse as almas dos falecidos – Kira quase desatou a rir novamente –, podia ser que a ajudasse por um meio qualquer.

Não era a primeira vez que ouvia falar do elixir do amor. Kira estava naquele momento no estado de espírito em que uma pessoa, sem ter forças para resistir à tentação, fica especialmente complacente para qualquer tipo de bobagem.

Lembrou-se do risinho de desdém de sua amiga, ao lhe contar que Alexei Bassarguin ia se casar com a filha do ministro e essa recordação agiu sobre ela como um golpe de chicote. As últimas dúvidas desapareceram.

Decididamente ergueu a cabeça.

– Sabe, Nastia, vou com você visitar sua feiticeira. Logo que minha mãe for à ópera, nós sairemos para o cemitério Volcov e haverá tempo para que voltemos antes da chegada dela.

– Minha senhorita! Que ótimo! Tudo será como a senhorita quer. Só terá que comprar café, açúcar e conhaque para a feiticeira Maleinen; ela gosta de tudo isso...

Um toque alto da campainha na porta de entrada a interrompeu.

– Deve ser a senhora – murmurou Nastia e correu para atender a porta.

Após dois minutos, voltou com uma carta na mão.

– O mensageiro trouxe isto – informou Nastia.

A carta era de sua mãe. Kira abriu e leu:

"Querida. Nós acabamos de decidir que eu e Maria Andreevna iremos à festa da condessa Chtade, em Selo Tzarista. Lá se jogam cartas até muito tarde, por isso passaremos a noite lá mesmo; acederei, assim, ao convite que a condessa vem me fazendo há muito tempo. Voltarei à cidade amanhã no trem do meio-dia".

Kira dobrou a carta e sorriu. Estava contente. Pelo visto, o próprio destino patrocinava seu desígnio.

– Escute, Nastia. Mamãe passará a noite em Selo Tzarista e somente voltará amanhã. Portanto, nós poderemos aproveitar a ausência dela e hoje mesmo visitaremos sua feiticeira. Aqui estão três rublos: vá comprar açúcar, café, roscas e meia garrafa de conhaque. Diga para Macha que ponha a mesa logo que o almoço estiver pronto.

– Há tempo para tudo, senhorita. Pois ela começa a fazer suas bruxarias somente à meia-noite. Então vou rapidamente à loja comprar os presentes.

Ficando só, Kira tirou do porta-jóias onde guardava seu dinheiro duas notas de 25 rublos. Decidira sacrificar aquele dinheiro, se fosse necessário; entretanto, contava com que a metade já fosse suficiente.

Aproximadamente às dez horas da noite, a carruagem de aluguel parava diante da casa do guarda do cemitério Volcov. A chuva naquele instante já havia passado e um luar pálido derramava-se através das ralas nuvens de neblina, envolvendo todos os objetos com uma misteriosa e ligeira névoa. Os monumentos daquele enorme campo de paz eterna destacavam-se em preto e branco; aqui e acolá as lâmpadas acesas nos túmulos vacilavam, como se fossem centelhas errantes.

O quadro era sombrio e um temor nervoso dominou Kira. Ela desceu da carruagem e seguiu o guarda Matvei, que Nastia chamara. A boa gorjeta fez com que ele fosse muito gentil e atencioso. A carruagem, alugada por horas, deveria esperar a volta dos visitantes.

O guarda os levou pela alameda até o extremo do cemitério. Ao chegar a uma velha casinha empenada que outrora parecia ter sido uma casa de guarda, o velho bateu na porta várias vezes. A porta se abriu e na entrada apareceu uma mulher coberta com um xale xadrez.

Depois de falar baixo com Matvei, ela deixou que os visitantes entrassem enquanto o guarda saía.

Procurando parecer tranquila, Kira entrou numa sala de tamanho médio, bem mais aconchegante do que se poderia imaginar lá fora.

A chama bem forte ardia no grande forno russo e irradiava um calor agradável. Sentia-se um cheiro forte de café. Havia uma xícara em cima da limpa mesa de madeira e ao lado estavam uma grande fatia de pão e frios.

A dona da casa era uma mulher alta e tinha os traços agudos do rosto de tipo finlandês bem definidos; seus olhos negros bem profundos brilhavam estranhamente e ardiam com uma determinação selvagem. Estava vestida com uma grossa saia de lã listrada e com uma blusa de chita florida, orlada em baixo; umas mechas brancas de cabelo desprendiam-se de baixo do xale vermelho.

Ela reconheceu Nastia e sorriu, revelando dentes saudáveis, cuja brancura não combinava com seu escuro, como que bronzeado, rosto coberto de rugas.

Olhou para Kira com um olhar penetrante, tirou-lhe o casaco e aproximou um banquinho no qual a jovem se sentou.

Naquele momento, Nastia desatava e colocava na mesa açúcar, café, conhaque e um saco grande de torradas e roscas.

Ao ver os víveres, um sorriso de satisfação iluminou o rosto da velha. Ela se inclinou profundamente, agradeceu e disse que estava pronta para fazer tudo pelas valiosas visitas. Falava com um forte sotaque de *tchukonets*[1].

Percebendo que a visita estava desnorteada e não sabia como começar a explicar o que desejava, a velha chamou Nastia e começou a cochichar com ela num canto da sala.

A conversação demorava. Kira, friorenta, agasalhava-se com o xale de lã de Oremburgo e estremecia cada vez que o olhar penetrante e desapiedado da velha lhe era dirigido; ela estava assustada.

Finalmente, a velha se aproximou e disse:

– Muito bem, farei como a senhorita quer! A senhorita se casará com aquele cavalheiro que escolheu para si. Só que pagará 25 rublos por esse serviço.

– Pagarei com prazer, e no dia do meu casamento a senhora receberá mais 25 – respondeu Kira, entregando-lhe as notas.

– Muito obrigada. Tudo será feito e depois de amanhã à noite a senhorita estará noiva – respondeu Maleinen, apanhando o dinheiro avidamente.

– Agora – prosseguiu ela, olhando para o relógio de parede – eu tenho que preparar algumas coisas. Ainda é cedo para começar.

---

[1] Povo de uma região da Finlândia.

Dizendo isso, ela foi para o quarto vizinho. Depois de alguns minutos, que pareciam a Kira toda a eternidade, a velha retornou e a chamou. Kira agarrou Nastia pela mão e levou-a consigo. A bruxa não se opôs.

Elas se encontravam numa sala vizinha, que era um pouco mais espaçosa que a primeira. Uma cortina de chita dividia a sala e escondia o canto. Ali também havia um forno russo; duas velhas poltronas para visitantes, cobertas de chita colorida, estavam ao lado da janela; uma mesa de madeira sem pintura continha um baralho de cartas gastas e gordurosas, um garfo, também um escuro vaso de barro, várias garrafas e um grande copo.

Na frente do forno havia um braseiro com carvão aceso. A velha jogou em cima algumas estilhas, capim seco e enxofre moído. Uma fumaça espessa saiu em baforadas, exalando cheiro forte e desagradável.

Naquele instante, Maleinen aproximou-se do forno, abaixou-se em cima da lareira e começou a murmurar cantando algo não compreensível. Quase no mesmo instante, o vento começou a uivar lugubremente na chaminé.

Quando os uivos do vento pararam, ela tirou do armário um castiçal de sete bocais com velas negras e o acendeu, colocou água no vaso preto de barro e em seguida sumiu atrás da cortina, levando consigo o castiçal e o vaso. Voltou com uma vela preta acesa nas mãos e passou para a primeira sala, onde levantou a porta de entrada para o porão e desceu.

Os dentes de Nastia batiam e ela se apertava contra a patroa, tremendo como uma folha de álamo. Seria difícil compreender o estado de espírito de Kira. Um horror supersticioso lutava nela contra o ceticismo e a dúvida, mas a decisão firme de levar o intento até o fim não enfraquecia.

Naquele momento, um barulho estranho chegou de baixo do porão, como se o vento uivasse, misturando-se com gemidos lastimosos e gritos de corujas. Logo em seguida, pesados passos masculinos começaram a subir a escada.

A ideia de que fora parar num covil de ladrões passou na cabeça de Kira; mas essa suspeita rapidamente desapareceu, porque atrás da feiticeira, para sua grande surpresa, entraram um padre e um diácono, vestindo paramentos, e um homem alto com casaca e gravata brancas.

Ao olhar para o último, Kira quase desmaiou e mal pôde conter o grito pronto para escapar. A pessoa que caminhava atrás de todos era Bassarguin. Ele estava muito pálido e seus olhos luziam de brilho fosfórico; ele respirava com dificuldade e ímpeto.

Mas ela não teve muito tempo para pensar sobre tudo o que via. Maleinen fechou a porta que dava para a primeira sala e abriu a cortina, atrás da qual havia um facistol, sobre o qual estava aceso o castiçal de sete bocais. Bassarguin pegou Kira pela mão e a arrastou consigo para o tapete. A missa, celebrada pelo padre e pelo diácono, começou, então.

Uma apatia indescritível dominou Kira. Suas mãos e seus pés pareciam encher-se de chumbo; ao mesmo tempo, ela dava-se conta do que acontecia à sua volta. Ficou estupefata com a expressão maldosa e o escárnio que via nos olhos do homem que estava vestido de padre e com seu rosto pálido e exausto; a vela preta que ele lhe passou tremia em suas mãos. Um cheiro horrível e nauseante partia deles. O frio gelado do anel, colocado no seu dedo por Bassarguin, fê-la tremer.

O casamento acontecia em um silêncio sepulcral, que se rompia com a voz fanhosa da bruxa, que lia à meia-voz, em um livro antigo de capa preta, fórmulas de feitiço incompreensíveis.

Pouco a pouco o mau cheiro tornou-se tão forte que Kira começou a sentir-se tonta e sufocada. Ela sentia que estava perdendo as forças e olhava atentamente para Alexei. Sim, era ele mesmo, mas por outro lado não era...

De repente, achou que tudo ao seu redor começava a tremer, a estalar, a andar. Uma rajada de vento abriu ruidosamente uma janela de par em par e o padre, o diácono e o recém--casado, apanhados por um pé-de-vento, levantaram-se no ar, voaram até a janela e desapareceram nas trevas da noite.

Uma rajada de vento frio derrubou Kira e ela voou num abismo qualquer...

Quando abriu os olhos, viu que estava deitada ao lado da janela aberta e que Nastia friccionava-lhe com vodca as têmporas e as mãos.

– Acorde, senhorita, já passou – confortava a empregada.

– Parece que eu estava desmaiada... Que pesadelo horrível!... – disse Kira com uma voz fraca, levantando-se com dificuldade e olhando ao redor com temor.

Tudo estava como antes: a cortina estava fechada, o castiçal sumira e o porão também fora fechado.

A velha estava à sua frente com o vaso de barro nas mãos e um sorriso beatífico no rosto.

– A senhorita tem sorte. Não me esqueça no dia do seu casamento – disse ela, bajulando e acompanhando as visitas para a primeira sala.

– Não se esqueça da água, Nastia – acrescentou a velha, despejando a água do vaso na garrafa.

Somente ao ar livre, Kira voltou a si do torpor que não a deixava refletir bem, e respirou a plenos pulmões.

Sua aventura parecia-lhe um pesadelo horrível; mesmo assim, ela evitou falar do assunto com Nastia, com medo de que o cocheiro as ouvisse.

Entretanto, quanto mais ela pensava, mais misteriosa e suspeita parecia-lhe toda aquela história.

Ao voltar para casa, Kira perguntou a Nastia, que a ajudava a despir-se:

– Escute! Você não acha que há um truque? Eu não entendo: de onde ela trouxe Alexei Arkadievitch? Vamos supor que o padre e o diácono estivessem no porão, mas como Bassarguin foi parar lá? Pois quem estava lá, sem dúvida alguma, era ele.

A empregada estremeceu.

– Minha cara senhorita. Será que nem passa pela sua cabeça que as pessoas não eram autênticas, mas sim "espíritos impuros"? Se não, como eles poderiam sair voando pela janela? Meu Deus, como eu fiquei assustada na primeira vez! A minha comadre Axinuchka me explicou, então, por que eles exalavam aquele mau cheiro. Olhe, senhorita: seu vestido também cheira a cadáver. Terá que ventilá-lo bem para que ninguém perceba nada. E a própria senhorita deve tomar um banho: eu pedi a Macha para que ela acendesse o fogo e aquecesse a água antes que nós voltássemos.

Kira ficou pálida e um sentimento de medo e repugnância a dominou.

Quando, mais tarde, ela começou a tirar a roupa para tomar banho, involuntariamente soltou um grito. Horrorizada, viu que havia uma aliança em seu dedo, guarnecida com um rubi. Aquela aliança já fora vista por ela muitas vezes no dedo mínimo de Bassarguin. Ao mesmo tempo, ela não encontrava uma de suas alianças.

Mas não era só isso. Uma outra descoberta deixou-a mais confusa ainda: a corrente que segurava a cruz no pescoço fora rompida e a própria cruz havia sumido...

Essa conjuntura não escapou de Nastia; pálida e com as mãos trêmulas de medo, ela despiu e pôs a dormir a sua patroa.

Capítulo 2

No dia seguinte, Kira acordou tarde. Ela dormira a noite toda um sono profundo e se sentiu animada.

À luz do dia, suas aventuras do dia anterior não pareciam tão sombrias e no seu íntimo amadurecia cada vez mais persistentemente a certeza de que fora vítima de uma fraude deslavada.

A aliança de Bassarguin parecia-lhe especialmente suspeita. Será que ele a perdera ou ela fora roubada? Quem sabe, Nastia a encontrara e a dera para a velha, ou possivelmente ambas participavam do truque.

Tal explicação parecia-lhe mais conveniente, porque acreditar em algo "sobrenatural" seria para ela engraçado e ridículo. Essa ideia enraizou tanto em sua cabeça que, ao olhar para a garrafa de água que a mulher *tchukonets* tinha-lhe dado na véspera, Kira em princípio quis jogá-la fora, mas depois mudou de ideia. Se aquilo era uma fraude ou não, teria que ir até o fim.

Por isso, quando Nastia lhe trouxe um fogareiro, querosene e uma nova panelinha, Kira caprichosamente ferveu a água mágica e depois a guardou no armário para colocar no chá de Alexei Arkadievitch, se ele realmente aparecesse em sua casa.

A viúva do general, ao voltar de Selo Tzarista, estava muito animada. A sorte sorrira para ela, que acabara ganhando nas cartas. De um modo geral, ela passara o tempo com alegria e trouxera muitas novidades.

A mais interessante era a notícia do noivado de uma das filhas da condessa Chtade, cujo noivo fora nomeado para a Pérsia, tendo o casamento sido marcado para depois de duas semanas.

– Mas, antes disso, a condessa fará um baile; acho que o casamento também será esplêndido, e por isso, Kira, temos que pensar nos vestidos. Penso que vou fazer um vestido cinza, de cetim ou vieil or, pois meu vestido de veludo todo mundo já conhece e tenho vergonha de vesti-lo. Você também precisa de dois vestidos novos. Agora já é tarde, também estou cansada, pois deitamos às quatro e meia da madrugada. Amanhã de manhã vamos fazer compras nas grandes lojas de "Gostini Dvor" – terminou com um tom firme a viúva do general.

À noite a família Nagorskaia recebeu várias visitas e na hora do chá chegou Bassarguin. Seu aparecimento deixou Kira muito transtornada.

Então o feitiço funcionara. Sem qualquer relutância, Kira colocou a água enfeitiçada na xícara que Nastia serviu para ele. Bassarguin – que antes de tomar o chá parecia preocupado e desnorteado – animou-se.

Ele não tirava os olhos de Kira e, quando todos passaram para a sala de visitas, começou a cortejá-la. Lia-se paixão nos seus olhos e ele procurava desesperadamente uma oportunidade para falar com ela sem testemunhas.

Entretanto, como se fosse de propósito, ora a mãe de Kira, ora outros hóspedes não deixavam a moça e o jovem ficar a sós; somente na saída, Alexei Arkadievitch achou a oportunidade para cochichar para Kira:

– Será que posso esperar encontrar a senhorita amanhã por volta das duas da tarde em casa?

Kira fez um aceno afirmativo e os olhares que eles trocaram foram equivalentes a uma declaração de amor.

Na manhã seguinte, enquanto ela ainda estava na cama, Nastia, toda radiante, entregou-lhe uma luxuosa cesta de rosas, lírios brancos e açucenas; entre as flores havia um cartão de visita de Bassarguin.

Depois do chá, a viúva do general vestiu-se para fazer as compras no "Gostini Dvor", mas Kira disse estar com dor de cabeça e não foi, passando o dinheiro necessário para sua mãe.

– Estou com uma dor de cabeça tão forte que não sou capaz de correr atrás de compras. Você, minha mãe, tem gosto refinado e eu confio na sua escolha – disse ela, beijando-a.

Kira queria pessoalmente receber seu prometido para depois declarar seu noivado à mãe como fato consumado.

Ela fez a sua toalete e pôs um bonito vestido para usar em casa; depois foi para o escritório, de onde era possível observar a rua da janela, e pôs-se a completar a pintura do vaso para a feira beneficente.

Ainda era uma e trinta quando a carruagem de Bassarguin parou ao lado da casa de Nagorskaia. Enquanto ele, descendo da carruagem, ordenava algo ao cocheiro, Kira examinava-o ponderadamente.

Ele não era um homem belo, mas seu amável rosto limpo com expressão sincera e bondosa era extremamente simpático.

– Vou procurar amá-lo, apegar-me a ele – decidiu Kira, indo ao encontro do visitante e convidando-o com gentileza a sentar-se.

A misteriosa aliança de rubi fora escondida entre os outros anéis para que Bassarguin não a percebesse; mas, horrorizada, Kira notou no dedo mínimo de Bassarguin o seu próprio anel de turquesa.

Ela mostrou-lhe o vaso que pintava, só para começar a conversação, depois falaram sobre a feira beneficente para a qual se destinava o próprio vaso. Alexei Arkadievitch elogiou o trabalho.

– Eu não tenho coragem de pedir ao senhor para me ajudar nas vendas, mas, como comprador, o senhor me fará uma visita na feira, não é verdade? Será que o senhor se negaria a ajudar os pobres? – disse ela sorrindo.

Bassarguin inclinou-se e olhou nos seus olhos com paixão.

– Será tudo como a senhorita desejar, Kira Viktorona Nagorskaia, porque serei seu escravo por toda a vida... Será que não vê que a amo?

Ele tomou-lhe a mão.

– Diga-me: será que a senhorita gostaria de ser minha esposa, meu gênio do bem? Prometo que vou dedicar toda a minha vida a fazê-la feliz.

Kira ficou fortemente corada e, com uma voz trêmula, disse:

– Já faz tempo que amo o senhor, Alexei Arkadievitch, e com prazer aceito a proposta. Procurarei corresponder à escolha do senhor.

Comovido e feliz, Bassarguin aproximou-a de si e deu-lhe um beijo, fixando o consentimento dela.

Começaram, então, uma conversa alegre e animada.

A jovem patroa mandou servir o chá e o noivo e a noiva riram alegremente, construindo planos para o futuro.

De repente, Kira olhou pela janela e seu semblante carregou-se.

– Que pena – disse ela, aborrecida. – Lili Verfelden e Dacha Plautina acabaram de passar. Elas parecem estar se dirigindo para cá e, encontrando o senhor aqui, na ausência de minha mãe, essas duas maitacas espalharão mexericos.

– Há com que se preocupar? – rindo, notou Bassarguin. – A senhorita lhes dirá que sou seu noivo, só isso. Que as tagarelas espalhem à vontade essa notícia.

Enquanto eles conversavam, ouviu-se o toque da campainha na entrada e em um minuto duas moças graciosas e bem-vestidas entraram voando na sala. Elas examinaram zombeteiramente o hóspede de Kira e a mesa servida, com olhar penetrante e curioso.

– Nós queremos convidar você, Kira, para ir ao Parque de Verão. Reunir-se-á um grupo grande: Meri, Nina, Klavdia, o irmão dela que é marinheiro, dois primos de Nina e meu irmão com seu amigo, um adido da embaixada germânica; será muito divertido. Porém, estando você em companhia tão agradável, pode ser que não queira sair conosco – tagarelava Dacha com um semblante bondoso.

– E onde está sua mãe? Devíamos cumprimentá-la – perguntou Lili.

– Minha mãe não está em casa, mas ela voltará a qualquer momento. No que se refere ao Parque de Verão, realmente não poderei ir com vocês. Vocês adivinharam: estou em companhia a mais agradável para mim! Entretanto, agradeço muito por me visitarem. Isso me dá a possibilidade de apresentar-lhes, minhas melhores amigas, a Alexei Arkadievitch Bassarguin, meu noivo.

Kira sorriu, deliciando-se com a surpresa e a mal dissimulada inveja das suas "melhores amigas".

Seguiram-se parabéns calorosos, acompanhados de beijos, e Kira convidou-as para seu casamento.

Mantinha-se uma conversa alegre, mas Lili e Dacha pareciam impacientes e pouco depois elas se despediram, dizendo que tinham que ir ao Parque de Verão e que não seria bom fazer os outros esperarem por elas.

– A notícia as sufoca e elas a espalharão entre todos os seus conhecidos; à noite cairá sobre nós uma chuva de felicitações – notou Bassarguin, rindo.

Ele tomou as mãos da noiva e começou a beijá-las. Mas, nesse momento, o mau cheiro, que torturara Kira na casa da bruxa, exalou do seu rosto.

Ela ficou pálida e seu coração começou a bater inquietamente, mas a emoção do momento e a alegria da vitória rapidamente apagaram a impressão desagradável; tanto mais que, naquele instante, a campainha novamente tocou na entrada.

Dessa vez chegava a própria Nagorskaia. Impossível descrever sua admiração e sua alegria quando recebeu a notícia de que sua filha Kira estava noiva. Ela abraçou os noivos, rindo e chorando.

Quando o primeiro arroubo de alegria passou, começaram a falar sobre os preparativos. O casamento foi marcado por unanimidade para depois do ano-novo.

Alexei Arkadievitch propôs a Kira fazerem uma viagem pela Itália, mas Kira respondeu que seria melhor adiar a viagem para o exterior até o verão, quando Bassarguin teria a possibilidade de tirar férias durante dois meses seguidos. O noivo abertamente manifestou sua satisfação a respeito daquela decisão. Na verdade, ele não gostava de viagens, daquelas mudanças inevitáveis de um hotel para outro, com preocupações e correrias. A perspectiva de passar a lua-de-mel no próprio apartamento aconchegante lhe agradava mais. O cozinheiro de Bassarguin era ótimo.

Ele comunicou à sua noiva que, no prédio de sua propriedade, na rua Znamenskaia, no início de novembro, um apartamento lindo e grande estaria desocupado e que eles poderiam decorá-lo a seu próprio gosto.

Depois do primeiro dia de noivado, começou uma época bem agitada: costuravam as roupas para o dote e arrumavam o apartamento.

As diversões mundanas continuavam interessando muito a Kira; assim, de modo geral, ela se sentia absolutamente feliz.

A futura vida folgada e alegre e o amor-próprio satisfeito quase haviam abafado seus tímidos remorsos. Kira praticamente se esquecera do modo como conseguira alcançar sua ascensão.

Mesmo assim, havia momentos em que sua beatitude se empanava. Isso acontecia cada vez que lhe parecia que o noivo exalava um cheiro asqueroso de cadáver. Naqueles momentos ela recordava tudo o que tinha acontecido no cemitério Volcov.

Às vezes, o próprio Alexei Arkadievitch parecia estranho. De repente seu humor mudava; não se sabia por quê, ele se transformava de um apaixonado alegre e vivaz em uma pessoa sombria e nervosa e, pelo visto, com dificuldade continha o desgosto que o perturbava.

Uma noite, o noivo estava muito irritado. Kira lhe perguntou com simpatia se ele estava bem. Ele sentou-se junto de Kira no sofá, pegou-lhe a mão impetuosamente e apertou-a até fazê-la doer.

– Eu não sei o que está acontecendo comigo... Tenho boa saúde, mas ao mesmo tempo perece que sofro de algum mal. Acontece uma coisa estranha até o ridículo, não posso compreender. Isso começou desde aquele pesadelo ou desmaio que tive há cerca de dois meses...

– Conte o que lhe aconteceu. Pode ser que seja somente uma doença nervosa que tem de ser tratada – pediu Kira inquietamente, dominada por um medo vago.

– A senhorita vai rir depois de ouvir estas tolices. Mesmo assim, contar-lhe-ei. É verdade, eu preciso tratar dos meus nervos. O que aconteceu comigo foi o seguinte: Na véspera dos nossos esponsais, fui convidado para um baile na casa dos meus colegas, onde costumava jogar cartas. Naquele dia eu tinha trabalho para fazer e esperava sair de casa às onze, mas demorei e comecei a me vestir por volta de onze e meia da noite. De repente me senti mal: a cabeça ficou pesada e senti um asco insuportável. Depois senti algo indescritivelmente repugnante, como se estivesse sendo sugado; de outra maneira não posso definir aquela sensação. Tomei um copo de vinho e deitei-me um pouquinho no canapé na esperança de que tal sensação doentia passasse logo. Se dormi ou tive uma alucinação, não sei; mas percebi que a sensação doentia era sucedida por angústia. Os pés e as mãos tornaram-se pesados como chumbo; uma mão gelada apertava minha garganta. Depois, todo o meu ser começou a se alastrar e algo começou a romper-se dentro de mim. De repente, pareceu-me que saí do meu corpo que estava deitado imóvel no canapé, e, apavorado, eu olhava para o rosto mortalmente branco do meu sósia. Mas então, inesperadamente, ouviu-se um estrondo forte na lareira e de lá saltou uma velha magra e enrugada, uma verdadeira bruxa; ela agarrou o meu corpo em suas mãos e desapareceu na lareira. Eu queria segui-la, mas não pude; eu me debatia, como uma mosca na teia de aranha, e uma bruxaria diabólica estava acontecendo comigo como se me fizessem em pedaços. De repente, a velha apareceu novamente e seus olhos fixos, que brilhavam como carvão aceso, paralisaram-me. Naquele instante senti um golpe forte acima do estômago e... abri os olhos. Senti-me totalmente quebrado e um cheiro horrível me sufocava. Chamei o lacaio e perguntei de onde vinha aquele cheiro. Ele ficou surpreso e depois disse que estava cheirando a cadáver. Então, infelizmente, eu próprio me certifiquei de que o cheiro de cadáver exalava da minha roupa. Eu a tirei, pus perfume e decidi tomar banho, mas nada ajudou; o cheiro continuava a me perseguir e, quando estava saindo do banho, desmaiei.

— Foi um pesadelo provocado por seu estado nervoso — disse Kira, empalidecendo.

— Porém, não posso compreender uma circunstância nessa história: imagine que, naquela noite, encontrei um anel em minha mão, que nunca tinha visto antes. O pior de tudo é que o cheiro de cadáver me persegue até agora mesmo, como sempre. Às vezes passam dias e ele não aparece; mas depois, de repente, ele surge novamente, irrita-me e me deixa furioso. Isso me atormenta indescritivelmente.

Kira fez um grande esforço para não mostrar o pavor que a dominava. Começou a dizer-lhe tranquilamente que ele deveria fazer um tratamento. Ela explicou as impressões de seu noivo como consequência de seu estado doentio e nervoso. Entretanto, à noite, quando já estava na cama, pela primeira vez ficou assustada com o que tinha feito. Evidentemente, acontecera algo enigmático e fatal; haviam sido tocadas algumas forças desconhecidas.

O cheiro de decomposição, que ela própria sentia de vez em quando, provocava-lhe uma certa repugnância para com Bassarguin e a paixão que ardia nos olhos dele simplesmente assustava-a.

No dia seguinte, ela mandou que Nastia levasse para a bruxa presentes generosos, com o pedido de que eliminasse aquele cheiro. Nastia voltou e comunicou que a velha prometera fazer tudo o que fosse possível. E realmente, desde aquele dia, o cheiro de cadáver passou a manifestar-se mais raramente e com menos intensidade.

Kira acalmou-se e sua alegria voltou; mas em breve aconteceu algo que novamente despertou o medo que já quase desaparecera. Já havia algum tempo, ela notava que sua esmerada empregada estava triste e ansiosa. Uma noite, ao perceber que os olhos de Nastia estavam vermelhos e chorosos, ela perguntou:

– O que aconteceu com você, Nastia? Você se casará com o homem que você própria escolheu, eu lhe darei um bom enxoval, Alexei Arkadievitch lhe deu 500 rublos; diga-me, por favor: o que está faltando para você?

Para sua grande surpresa, Nastia desatou em pranto.

– Querida senhorita, o que fizemos?! Pois nós nos metemos com o diabo. Agora estou vendo que Vikenti está dominado pelo porco sujo. Tenho medo dele. Por vezes, ele se torna tão assustador e bravo e cheira tão mal... Eu quase não o amo mais! Não quero mais nada senão me livrar dele, porque tenho outro candidato rico e...

Kira pôs-se a rir de todo o coração.

– Se você não gosta mais de Vikenti, por que não vai à casa de Maleinen? Ela arranjou o noivo para você e é ela quem a livrará dele. E quem é esse seu novo "candidato"? Veja só quão rápido você anda!

– Não ria, senhorita, não estou para brincadeiras – notou Nastia com tristeza. – Já fui à casa de Maleinen, mas... que desgraça! A velhinha desapareceu sem deixar vestígios. O velho Matvei disse que a polícia começou a pressioná-la, então, em três dias, ela juntou suas coisas e foi embora. Para onde ela foi, ninguém sabe. Ela está muito rica. Só que ouvi falar que ela teria dito que daqui a um ou dois anos voltaria, quando as pessoas tiverem se esquecido dela. E agora ela não está mais por perto e não consigo saber o que fazer. Meu novo noivo é tão bom, carinhoso... Ele trabalha como zelador na casa de Alexei Arkadievitch. Encontramo-nos muitas vezes quando a senhorita me mandava levar coisas para o novo apartamento. Um dia desses, ele próprio me pediu em casamento. Eu lhe disse que o meu casamento já tinha sido marcado, mas Ivan Petrovitch (ele se chama assim) pôs-se a rir e me disse: "Até que o casamento não seja firmado na igreja, qualquer noivo pode ser substituído".

— Claro. Se você não ama mais Vikenti, ele não pode forçá-la a se casar.

— Acontece que ele quer casar comigo à força a até marcou o casamento para janeiro; ameaçou que me esfaquearia como a uma franguinha se eu fosse infiel a ele. É horrível como tenho medo dele; ele agora parece um tigre selvagem – conclui Nastia, rompendo em prantos.

Uma semana antes do Natal, Nastia declarou decididamente para sua senhorita que se desembaraçara de Vikenti e noivara com o zelador; ela estava com humor muito combativo e alegrava-se por ter acabado com o "impuro" – o apelido que ela dera ao primeiro noivo.

Dois dias depois, cerca de dez horas da noite, as famílias Nagorskaia e Bassarguin terminavam o chá, quando, de repente, ouviram-se barulho e gritos vindos da cozinha.

As damas, assustadas, levantaram-se de um salto; depois de um minuto, a cozinheira e a costureira entraram correndo na sala. Com tez lívida de pavor, agitando as mãos, ambas dirigiram-se correndo à viúva do general.

— Matou! Matou! – gritavam elas.

— Quem matou e quem foi morto? – perguntou, assustada, Nagorskaia.

— Vikenti... matou Nastia! – gritou a cozinheira.

Antes de esperar a resposta, Kira já corria para a cozinha; a mãe e o noivo a seguiram. Um quadro assustador apresentou-se diante dos olhos de todos.

No chão, de bruços, esvaindo-se em sangue, jazia Nastia; a porta da escada dos fundos estava aberta de par em par; no patamar, o zelador e mais uma pessoa seguravam um homem pálido como morto. Ele estava eriçado, estraçalhado, seus olhos pareciam injetados de sangue e causava medo olhar para ele. Sua roupa e suas mãos estavam tintas de sangue. Era o lacaio da taverna.

Ao ver os senhores, ele gritou de modo selvagem:

— Por que ela me enganou?! Vou para a Sibéria, mas ela, traidora, recebeu o que merecia!

Kira desmaiou.

Ao voltar a si, viu que estava deitada no sofá do escritório. Sua mãe friccionava-lhe as têmporas e mãos; Alexei Arkadievitch, abaixando-se sobre ela, dava-lhe sal inglês para cheirar.

— Querida, como você nos assustou! — disse a viúva do general, beijando a filha. — Seus nervos não suportaram esse espetáculo horrível.

— Nastia está morta? Que monstro esse Vikenti! — murmurou Kira, com voz trêmula.

— Não, não! Acalme-se, ela não está morta. Há pouco, aqui esteve o médico e disse que a ferida, mesmo sendo grave, não é mortal. O doutor tem esperanças de que ela viva. Agora estão fazendo o primeiro curativo em Nastia, depois a levarão para o hospital — acalmava a viúva do general.

— Quem poderia supor tal paixão selvagem em um simples camponês? — acrescentou ela, balançando a cabeça.

— Paixão é paixão, não importa quem está dominado por ela: um senhor ou um camponês, Anna Antonovna. Sempre é perigoso provocar esse sentimento poderoso, que deixa a pessoa cega e escravizada — notou Bassarguin, olhando com paixão o descorado rostinho encantador de sua noiva.

De repente ele abaixou-se e sussurrou, com uma expressão estranha no rosto:

— Quem sabe o que eu faria se a senhorita deixasse de me amar e preferisse outro...

— Pelo amor de Deus, Alexei Arkadievitch, não me fale tais horrores – respondeu Kira assustada, tirando a mão que o noivo cobria de beijos e sentindo arrepios na pele.

Depois de alguns minutos, Kira começou a queixar-se de dor de cabeça e manifestou o desejo de ir para a cama. O noivo foi embora.

Naquela noite ela não pôde fechar os olhos: o pavor a dominava. O que ela fizera? Nas mãos de que força do mal ela se entregara?

Ela sentia calafrios quando lembrava das palavras de Alexei Arkadievitch. Ele também não poderia responder por si, caso ela o traísse. Ela se lembrou do olhar que acompanhara aquelas palavras. Uma maldade diabólica brilhara na ocasião nos olhos do noivo, normalmente bondosos e sinceros, e o cheiro de cadáver exalara sobre o rosto de Kira.

As convicções esclarecidas de uma senhorita "intelectual" e também o ceticismo infundido nela com a educação e o espírito da época revoltavam-se contra a ideia de haver sido envolvida pelo demônio; ao mesmo tempo, era muito evidente que acontecera algo misterioso e que uma força fatal e assustadora ligava-a agora a um mundo invisível e desconhecido. A influência desse mundo ela evidentemente sentia, mas ainda não sabia até que limites ele se estenderia.

Já de madrugada, a viúva do general, preocupada com sua filha, entrou no quarto dela e, encontrando-a em lágrimas, começou a lhe fazer perguntas.

Sob o jugo do medo, emocionada, Kira revelou a verdade à sua mãe e contou sobre sua visita à feiticeira.

— Eu queria muito um marido rico; interferiram também meu trabalho na editora e a alegria maldosa de Dacha. Ela mexericava sobre o flerte de Alexei Arkadievitch com a filha do ministro; isso me deixou definitivamente furiosa – concluiu ela sua história e escondeu o rosto banhado em lágrimas no travesseiro.

No primeiro momento a viúva sobressaltou-se, mas seu susto desapareceu rapidamente. Não era por acaso que era uma mulher incorrigivelmente leviana e que não acreditava em nada.

— Sem dúvida não foi bom que você se deixasse persuadir por uma camponesa tão boba como Nastia e fosse à casa da bruxa... Por outro lado, simplesmente não acredito — há-há--há! — que uma moça culta como você pudesse acreditar na interferência do demônio! Será que você não entende, minha filha, que essa mulher tchukonets, pura e simplesmente, hipnotizou vocês? Eis por que vocês viram todas essas coisas loucas. Na água que lhe deu, ela até pode ter posto uma infusão qualquer de plantas estimuladoras de sentidos. Pode ser que ela tenha hipnotizado Alexei Arkadievitch para que a pedisse em casamento. Mas, graças a Deus, você é bonita o bastante para inspirar amor, sem qualquer bruxaria. Agora, acalme-se e não estrague sua felicidade com qualquer bobagem. Você tem que cantar vitória! Não faz muito, eu quase morri de rir, olhando para os rostos invejosos de Marussia e Dacha; foi quando você mostrava a pele de arminho e as jóias de rubis que seu noivo lhe deu. Agora é a nossa vez de rir da inveja humana que não tem dentes.

— E a troca de anéis, mamãe?!

— Os anéis, meu bem, evidentemente foram roubados com antecedência por Nastia, e eu não duvido nem um pouco que ela estivesse em conspiração com a mulher tchukonets. Quanto ao seu anel, você deve guardá-lo, para que seu noivo não o veja. Tem que acabar com isso! Esta noite, vá dormir no meu quarto; você não ficará sozinha e isso a acalmará.

Capítulo 3

O dia do casamento chegou.

Kira se vestia com alegria e despreocupação. O consolo da mãe e a correria dos últimos dias haviam-lhe devolvido o autodomínio; tanto mais que o cheiro de cadáver ultimamente não tinha mais aparecido e a saúde de Nastia melhorava.

Ela examinava no espelho, com ares de suficiência, sua imagem encantadora; o vestido de cetim como que faiscava sob a luz, com rendas magníficas que o enfeitavam e o véu de noiva comprido e vaporoso. Tudo isso lhe fazia sentir-se feliz, e ela pensava que, provavelmente, fizera bem em ter procurado a bruxa: a feiticeira aproximara sua vitória...

Como sua fé era muito tênue, Kira, durante o casamento, sem quaisquer cerimônias, olhava ao redor; não se lembrava de orar, mesmo que fosse pelo simples fato de estar numa igreja.

Foi quando percebeu na multidão um jovem que a olhava com uma admiração tão aberta, que ela ficou estupefata e, por sua vez, examinou-o atentamente.

Ele era alto, meio magro e de bela compleição. Seu rosto não era russo. Tinha vasta cabeleira preta e crespa barba aguda. Seus lábios sensuais abriam-se num sorriso de orgulho e desdém; em seus olhos grandes e negros percebia-se energia; nele logo se revelava uma natureza ardente.

Dizer que ele era bonito, não se podia; mas, no geral, seu rosto era amável e expressivo.

O olhar do desconhecido causou-lhe uma impressão forte e estranha. Ela não conseguia lembrar-se de ninguém de quem gostasse tanto e, involuntariamente, de vez em quando, olhava para ele. Quando o casamento terminou, e ele, entre os demais, aproximou-se para cumprimentá-la, Kira ficou tão emocionada que nem ouviu seu nome, quando Alexei o apresentou.

Entretanto, esse desconhecido interessara-a tanto que, ao voltar da igreja para casa com o marido, ela não conseguiu se conter e perguntou quem era aquele senhor, pois nunca o havia visto na sociedade.

– O homem alto e de cabelo preto com barba? Ele é meu grande amigo e excelente rapaz, o marquês Kervadeque. Todo o ano passado ele morou no exterior e agora está por conta da embaixada francesa – respondeu com indiferença Bassarguin.

– Ah!

"Por que hoje, exatamente no dia do meu casamento, e não antes, encontro um homem tão atraente e encantador?!", pensou Kira, dando um suspiro. No mesmo instante, uma rajada de ar fétido soprou no seu rosto e ela novamente ficou com medo.

Dominada por vaga inquietação, Kira entrou na sua nova casa. Falasse o que falasse a sua mãe, mas algo sinistro, realmente, ligara-se a ela.

Certa manhã, quando visitava a casa de Bassarguin, o marquês foi convidado pelo dono da casa para tomarem o café da manhã juntos.

Antes disso, Kira havia visto o marquês somente duas vezes, mas de passagem, e sua presença sempre a emocionava ocultamente. E agora também o seu coração pusera-se a bater fortemente; mas ela reprimiu sua agitação e alegremente manteve a conversa.

Mas dessa vez notou que a despreocupação ilusória, a gentileza e até o servilismo do marquês dissimulavam uma boa dose de saciedade, um desprezo e um escárnio para com mulheres em geral.

As palavras de Alexei Arkadievitch, que zombavam do marquês por causa de suas aventuras amorosas e de suas vitórias na sociedade, somente confirmavam as observações de Kira.

– Você, como antes, é condescendente da mesma maneira e não tortura por muito tempo mulheres graciosas? Não deixa que elas tenham saudades de você em vão? – perguntou rindo Bassarguin.

– Sim, por natureza sou indulgente e bondoso, mas você está exagerando meus êxitos e está me deturpando aos olhos de sua esposa, apresentando-me como pândego – tentava levar na brincadeira o marquês.

– Vamos supor que você involuntariamente cative os corações das mulheres. Pois o resultado é o mesmo e a sua futura esposa terá pela frente uma tarefa difícil: a de possuir um marido... tão perigosamente sedutor – atacava Bassarguin, meio brincando e meio zombando.

Um sorriso enigmático surgiu no rosto do marquês.

– Posso responder o mesmo. Você também terá pela frente muitas preocupações. Você é marido de uma mulher tentadora.

– Entretanto, não me ameaça tal perigo, como ameaçará a futura marquesa. Kira não é tão piedosa e os sofrimentos alheios não a tocam muito...

Ele foi interrompido pelo lacaio, que anunciava a presença do administrador de uma das estâncias que viera com questões urgentes...

– Perdoe-me – disse Alexei Arkadievitch. – Tomem café por enquanto e você entretenha a minha esposa. Depois nós sairemos juntos, porque eu também preciso ir ao banco.

Kira mandou servir o café na sua saleta e conduziu o hóspede para lá.

A saleta, revestida com seda japonesa, decorada com flores e caros bibelôs chineses, era muito elegante.

— Meu Deus, como os maridos são ingênuos! Não me casarei nunca, somente pelo medo de me tornar um deles – notou o marquês tomando café em pequenos goles.

— Foi Alexei quem lhe inspirou a convicção de que maridos são inocentes? – perguntou Kira.

— Confesso que foi. Alexei respondeu pela senhora, negando completamente a possibilidade de a senhora ter piedade para com as vítimas de sua beleza. E ele não é o único. A maioria dos maridos manifesta a mesma cômica presunção. Entretanto, o coração da mulher está longe de ser uma fortaleza inconquistável para quem conhece as regras do assédio. Essa arte não é fácil, sem dúvida, mas em compensação produz êxito incontestável.

— Nada a dizer. O senhor tem uma opinião boa sobre mulheres! Ela se parece muito com desprezo – respondeu Kira, corando.

O marquês deixou a xícara e, inclinando-se para a dona da casa, queimou-a com um olhar ardente.

— Deus me livre de dizer alguma coisa ofensiva! Estou sendo franco e afirmo que uma mulher jovem e bonita não pode ficar indiferente, ao ver que inspirou paixão no coração de um homem. Esse sentimento intenso ganha um poder enorme sobre a alma da mulher; além do mais, se o homem for persistente e bastante corajoso para ir firmemente até a vitória, finalmente triunfará.

Apesar do encanto do marquês, algo em seu olhar ousado e em seu sorriso pouco dissimulado indignava Kira. "Será que esse pândego farto, estragado com o sucesso, que sem escrúpulos aspira à mulher de seu amigo, imagina que sou uma caça fácil para ele e que basta só querer para me transformar em um brinquedo seu?".

— Entre o desejo de um sedutor, tão insistente e ousado, e o objeto de seu desejo ardente, pode erguer-se o sentimento de dever, de que é preciso respeitar também a mulher jovem e bonita – respondeu Kira, medindo-o um olhar frio e zombeteiro.

– Depois, quero acrescentar que é um intento ruim tentar seduzir uma mulher casada, tirar dela a tranquilidade, manchar sua honra e a casa hospitaleira onde foi acolhido como amigo, privar da intimidade da esposa e da mãe somente para poder saciar o seu capricho passageiro. Eu admito que existem paixões fatais, que podem levar a mulher até a traição e perjúrio; mas para isso tem de haver uma paixão profunda e não um amorico trivial. Na minha opinião, para aquela que se torna vítima de tal paixão fatal, não devem existir acordos com a própria consciência, encontros secretos e amor de tempo em tempo sob a ameaça eterna de ser apanhada. Nesse caso, sobra somente destruir todos os obstáculos e romper as ligações com o passado para pertencer inteiramente àquele que ama.

– Ora, ora! Aonde a senhora chegou, Kira Viktorona? Tudo quebrar, tudo romper e causar um grande escândalo? – perguntou maliciosamente o marquês. – As palavras da senhora mostram inexperiência completa no que se refere a esse caso. Posso assegurar-lhe que a explosão e o barulho são os piores cúmplices do amor. Acredite em mim: as mais ardentes e loucamente apaixonadas mulheres sempre preferem o silêncio e a "escuridão do desconhecido", os encontros de passagem e os momentos de embriaguez sob a ameaça excitante da descoberta. Uma hora de amor, conseguida apesar do perigo e dos obstáculos, é semelhante a uma trovoada benéfica que refresca o ambiente abafado da paixão insatisfeita. Confie em mim! O que mais temem as mulheres é o rompimento e que o caso se torne de domínio público e, por isso, ocultam a verdade dos maridos, com muita arte.

– O senhor marquês está lendo para mim o tratado inteiro do pecado. Estou convencida de que o senhor é um grande mestre na arte de desencaminhamento de mulheres, mas, quanto a mim, não pretendo fazer o curso dessa ciência perigosa.

Ela pegou uma caixa de bombons, abriu-a e serviu ao hóspede.

— Doces, depois de tantas palavras amargas? — perguntou o marquês, tomando um bombom e olhando com admiração para o rostinho animado e encantador de sua interlocutora.

A chegada de Bassarguin mudou o caráter da conversa; em seguida, o dono e o visitante foram embora.

À noite, ao voltar do teatro com o marido, e tomando chá, Kira perguntou como o marquês falava tão bem em russo. — Para um francês, isso é impressionante — notou ela.

— É muito simples. Sua mãe era russa e os primeiros anos de sua vida ele passou na propriedade rural dela, a qual ele possui até hoje. Seu pai era o mais novo na família e não tinha propriedade particular, mas morava na propriedade da esposa. Arman tinha cerca de dez anos, quando um acaso mudou seu destino. O irmão mais velho do pai, que não tinha filhos, o marquês Kervadeque, faleceu. Seu pai herdou o título e os bens e sua família mudou-se para a França. Entretanto, Arman não deixou de amar a Rússia e frequentemente vem para cá. Somente nos três últimos anos ele não esteve aqui, detido, parcialmente pelo trabalho, parcialmente por causa da questão da herança.

Kira não indagou mais e a conversa terminou ali.

Depois de passar três meses no hospital, Nastia teve alta e Kira alojou-a na sua casa para que ela pudesse descansar com tranquilidade e recuperar suas forças.

Durante a doença Nastia mudara muito e transformara-se de uma tagarela alegre em moça calada e pensativa.

Quando começaram a comentar que Nastia deveria novamente fazer o serviço da casa de Bassarguin, ela anunciou que não poderia aceitar o generoso convite da dona porque pretendia entrar para o mosteiro.

— No hospital — explicou Nastia —, encontrei uma peregrina que vivia conforme a Lei de Deus. Contei-lhe toda a verdade; ela me convenceu de que, somente com orações constantes, seria possível redimir o meu pecado. Pois eu me meti com o diabo e arruinei a alma cristã: Vikenti foi condenado às galés...

Kira procurou dissuadi-la, mas sem sucesso. Nastia persistia firme e pediu somente que a ajudasse um pouco. Kira deu-lhe 400 rublos e um enxoval completo, mas a fez jurar que guardaria silêncio.

— Fique tranquila, minha querida patroa: ficarei muda como um peixe. Vou pedir a Deus para que nada de mau aconteça com a senhora por culpa minha. Porque, se não fosse por mim, a senhora não se dirigiria à feiticeira — respondeu Nastia, enxugando as lágrimas.

No dia seguinte ela partiu, mas aquela conversa causara uma impressão pesada em Kira. Todas as aventuras no cemitério foram ressurgindo em sua memória com todos os detalhes assustadores.

Ela conseguiu se acalmar a muito custo. Para que ficar preocupada com a conversa fiada de Nastia? As pessoas simples são muito supersticiosas, mas para ela, de um modo ou de outro, toda aquela história esquisita acabava muitíssimo bem.

Ela era rica e amada, e o cheiro de cadáver não mais aparecia já fazia algumas semanas. E, se não havia cheiro, as forças invisíveis também a deixavam em paz.

Ela se consolava com isso.

Além do mais, não tinha muito tempo para refletir. Levava uma vida mundana e estava contente com seu destino.

Quanto ao marquês, com quem se encontrava na sociedade, ele era invariavelmente gentil, cortês e claramente demonstrava sua admiração, mas não nunca mais reatara conversa semelhante à descrita acima.

Na primavera, Alexei Arkadievitch tirou férias de quatro meses para fazer com que sua esposa conhecesse a Europa, que nunca tinha visto. O casal Bassarguin partiu no início de junho. Eles visitaram a Suíça, a Itália e a França, e no outono voltaram para São Petersburgo.

O inverno novamente trouxe animação e agitação à alta sociedade. Kira notoriamente ficou mais bonita. Por índole e educação, ela era uma coquete, gostava da agitação ociosa e se entregava avidamente a diversões; o sucesso na sociedade e a admiração geral embriagavam-na.

Encontrava o marquês por todos os lados – inclusive ele frequentemente vinha visitar a casa de Bassarguin. Kira sabia que ele gostava dela, mas ele não mais manifestara tão abertamente a admiração que sentia como nos primeiros dias do seu encontro.

O marido lhe dissera que o marquês estava loucamente apaixonado por uma atriz francesa. A notícia perturbara Kira, mas ela, evidentemente, ocultara seus sentimentos. Aquela impressão estranha que lhe causava Kervadeque sempre se desencadeava quando encontrava com ele.

Ela gostava dele, mas ao mesmo tempo, às vezes, ele lhe causava repulsa. Não conseguia compreender aquele seu sentimento e nem percebia que simplesmente estava com ciúmes.

Depois das palavras do marido, esse sentimento tornou-se mais agudo ainda. Felizmente para seu amor-próprio, ela não percebia os olhares e sorrisos zombeteiros do pândego mundano.

Com a chegada da Páscoa, no meio dos moradores de São Petersburgo, sempre começavam as conversas sobre com quem e onde iriam passar o verão, e como Alexei Arkadievitch não quisesse passar as férias no exterior, então Kervadeque propôs-lhe alojar-se em sua estância perto de Novgorod. O pai de Kervadeque construíra lá vários chalés, muito aconchegantes, e inclusive um já havia sido alugado por um banqueiro, amigo comum deles.

Essa proposta de Kervadeque foi aceita com simpatia. Depois de cansativa temporada de inverno, o médico aconselhara Kira a descansar alguns meses ao ar livre. Não era caso de recear tédio, pois haveria a presença da família do banqueiro, que sempre e muito festejavam; a proximidade da capital dava também completa possibilidade de visitar a cidade e receber amigos em casa.

O principal pretexto que forçou Kira a aceitar esse plano era o de que Kervadeque passaria o verão naquela estância.

Todos juntos foram conhecer a casa de verão, a qual lhes pareceu encantadora e em localização pitoresca. O aluguel da casa foi acertado.

Chegou a primavera, precoce e quente. O casal Bassarguin se mudou para o chalé, ainda na primeira metade de maio, e Kira foi surpreendida agradavelmente com a amabilidade que o dono da propriedade lhes demonstrava.

Parte do imóvel fora renovada; a saleta, revestida de crepom azul, era fascinante, os quartos, as sacadas e o peitoril haviam sido decorados com flores.

O trabalho deteve Alexei Arkadievitch na cidade até junho, mas aos sábados e feriados ele costumava encontrar seu amigo. O marquês frequentemente aparecia sozinho e, claro, não esquecia de visitar sua inquilina encantadora, à qual novamente começou a cortejar intensivamente.

De um modo geral, ela não se aborrecia. A família do banqueiro mudara-se somente alguns dias depois dela e a vida logo ficou animada.

Bogdan Ludvigavitch Freindlik era um homem muito rico, ocupava o posto de diretor de banco e de várias indústrias, jogava na bolsa de valores e tinha peso no mundo financeiro. Seu passado e a fonte dos seus bens eram pouco conhecidos.

A esposa, Olga Dmitrievna, tinha um passado tempestuoso. Ela se separara do primeiro marido, deixando-o com dois filhos, e casara-se com Freindlik; entretanto, línguas viperinas afirmavam que ela não parava de "divertir-se".

Quando jovem, era muito bonita, porém, passados os 40 anos, engordara, mas sem que isso lhe tirasse a alegria, a aspiração aos divertimentos e a paixão por aventuras.

Olga Dmitrievna aparecia em todos os lugares. Ela não deixava passar nenhum baile, nenhum almoço, nenhuma exposição, nem as primeiras apresentações no palco. Sua casa estava sempre cheia de pessoas de toda a sorte; ali sempre havia muita alegria e bastante barulho.

Bogdan Ludvigavitch ficara famoso em São Petersburgo por ter uma casa hospitaleira e um magnífico cozinheiro. Falava-se que sua esposa participava de casos amorosos e patrocinava apaixonados com a maior sinceridade. Essa dama não se distinguia pelos escrúpulos...

Estando em vizinhança tão próxima, Kira e Olga Dmitrievna logo se tornaram amigas e encontravam-se diariamente. Os passeios a cavalo, os piqueniques e outras diversões vinham ocorrendo sem parar e, por um feliz acaso, o marquês sempre era o cavalheiro de Kira Bassarguin. Seu aniversário, dia 23 de junho, Bogdan Ludvigavitch quis comemorar com solenidade. Já na véspera, cerca de 20 pessoas chegaram da cidade e algumas delas o marquês alojou gentilmente em sua casa.

A festa devia começar com um esplêndido dejeuner dinatoire na casa de verão de Freindlik. Depois foi planejado um passeio de barcos a uma floresta remota onde foi escolhida uma clareira grande, adjacente ao lago.

O lugar era pitoresco e Bogdan Ludvigavitch mandou erguer um grande galpão de madeira e revesti-lo de vermelho e de branco, em forma de pavilhão onde foi colocada uma mesa de jantar. Ao lado do pavilhão principal foram colocadas pequenas tendas coloridas para jogar cartas e descansar.

Uma grandiosa cascata de fogos de artifício no lago devia finalizar a solenidade; depois se seguiria o retorno para casa à luz de fogos-de-bengala.

Desde a manhã o tempo parecia favorecer a festa. Acabou fazendo um dia claro e de sol, mas muito quente e abafado.

Kira, de vestido branco de musselina com rendas e com um grande chapéu branco de gaze, estava linda. O olhar apaixonado e de admiração do marquês, quando ele beijava-lhe a mão, desconcertou-a, mas, ao mesmo tempo, deixou-a alegremente emocionada.

Durante o café da manhã, Kervadeque estava sentado ao lado dela e, quando todos se dirigiram aos barcos, o marquês e Kira ocuparam o bote de dois lugares; aliás, as outras embarcações também não eram grandes. O rio era estreito e raso.

A própria dona da festa fora quem escolhera Alexei Arkadievitch como cavalheiro.

Enquanto isso, o tempo começou a piorar e, quando começaram a embarcar, algumas pessoas prevenidas olhavam com preocupação para o céu, cujo azul-claro começava a encobrir-se de uma suspeita névoa cinza.

Mas os jovens não se preocupavam com tais coisas e o grupo partiu com o melhor dos humores.

Kervadeque também estava muito alegre e conversava com entusiasmo. Mas trabalhava o remo com preguiça e, como o barco era um dos últimos, logo eles se encontraram sozinhos.

O céu cada vez mais e mais se encobria de nuvens cor de chumbo.

– Oh! Tomara que não chova antes de chegarmos ou ficaremos molhados – disse ela, preocupada.

O marquês também olhou para o céu.

– Indubitavelmente, começará a trovoada e bem logo. Não haverá tempo para chegar de barco, porque o rio faz curvas e prolonga muito o caminho. Permita-me, Kira Viktorona, abordá-la, pouco mais adiante. Naquela região conheço uma senda que atravessa a floresta. Ela reduz o caminho mais que pela metade. Além do mais, há um abrigo no caminho, onde poderemos nos resguardar no caso de tempestade.

Com mais algumas remadas ele aproximou o barco da margem e, levantando Kira como uma pena, pulou para fora junto com ela para a terra e logo depois prendeu o barco.

– Agora, arregace o seu vestido, dê-me o braço e corramos, porque está começando a chuviscar – disse o marquês.

Tornou-se escuro na floresta. Os saltos altos dos sapatos brancos de Kira afundavam no musgo e prendiam-se às raízes.

Mas o marquês, evidentemente, sabia bem o caminho e puxava sua companheira com convicção e quase correndo.

Kira mal conseguia segui-lo. Seu chapéu ficara preso num galho e ela viu-se obrigada a deixá-lo. As rendas e as bordas de seu vestido várias vezes prendiam-se aos galhos, mas ela continuava a correr, porque a escuridão tornava-se mais densa a cada minuto e ouviam-se ribombos de trovoadas.

Finalmente eles pararam.

– Não posso... mais – murmurou ela, ofegante.

– Mais um pouco de coragem. O abrigo está perto – animava Kervadeque, também parando para tomar fôlego.

Ao cabo de cinco minutos, eles se encontravam numa clareira onde havia uma casinha velha, na qual, possivelmente, antigamente havia morado um guarda florestal.

O marquês empurrou a porta e eles entraram numa pequena sala vazia com paredes escurecidas e cobertas de mofo. Distinguia-se um forno ao fundo e havia um banco de madeira, ao lado de uma parede, no qual Kira quase caiu de cansaço.

Nesse momento, um raio forte iluminou a sala, um forte trovão sacudiu a casinha e desabou uma chuva torrencial.

Kervadeque bateu a porta vetusta. Lá fora o vento uivava e batiam os contraventos arrebatados das corrediças de tal maneira que os velhos vidros das janelas tremiam e tilintavam.

Quando o marquês virou-se para sua companheira, viu que Kira estava arrumando os cabelos, que tinham se soltado durante a corrida, especialmente depois de perder o chapéu.

Confusa, com o rosto corado por causa do vento e coberto com os cabelos soltos como um manto dourado, Kira estava formosa e encantadora. Uma admiração ardente brilhou nos olhos do marquês e o desejo oculto e tempestuoso de possuir aquela mulher encantadora dominou-o como fogo.

Ele fizera todo o possível, com a persistência e toda a destreza de um sedutor experiente, para atingir aquele objetivo, desde o primeiro minuto em que a tinha visto. Além do mais, ele era um bom observador e não deixara de notar que ela estava interessada nele e que até sentia ciúmes. Por isso, ele fazia tudo para incitar nela a paixão.

A boa sorte lhe dava a possibilidade de explicar-se com ela a sós, longe de qualquer olhar indiscreto, e o momento lhe parecia favorável. Ele era impetuoso demais e, principalmente, auto-suficiente o bastante para duvidar, mesmo por um momento, de sua vitória.

Ele rapidamente se aproximou dela e pegou sua mão.

– Kira! É tão linda que pode seduzir até um santo, e eu não tenho mais forças para disfarçar a paixão que a senhora me inspira. Aliás, isso a senhora sabe bem já faz tempo. Se não havia palavras, os olhos me desvendavam já mil vezes. A senhora também não é indiferente a mim. Eu sei disso, li nos seus olhos, compreendi pelo embaraço da senhora. Responda, Kira, reconheça que a senhora me ama, diga que aceita ser minha. Os céus nos dão este momento. Aqui não há outras testemunhas senão os trovões e os relâmpagos.

Não esperando a resposta, ele a puxou e cobriu o seu rosto com beijos ardentes. Ele a atacou tão impetuosamente e inesperadamente que Kira desnorteou-se.

Era verdade que aquele homem encantador e perigoso inspirava nela um sentimento muito parecido com o amor e que seus beijos ardentes embriagavam-na naquele momento, mas, mesmo ficando meio inconsciente, o pensamento continuava lúcido.

Parecia-lhe uma perspectiva ofensiva a de tornar-se já então amante daquele homem, depender de seu capricho e enganar seu marido.

Naquele momento, não se sabe por quê, lembrou-se de sua visita à casa da feiticeira no cemitério Volcov e claramente surgiu o rosto sinistro do "padre" assustador, que olhava para ela com um sorriso de escárnio; o odor de cadáver atingiu seu rosto. Isso a fez voltar a si e ela empurrou o marquês com raiva.

– Descarado! – exclamou, surdamente. – Como se atreve e com que direito? Não sou mulher que pode pegar na primeira oportunidade! Já falei para o senhor que posso pertencer somente ao homem que será meu de corpo e alma, mas ser uma amante, um brinquedo, um divertimento ocioso, submeter-me a um relacionamento indecente – não quero. Será que o senhor me entende?!

Ao receber uma resposta tão inesperada, o marquês ficou pálido e começou a retroceder. Jamais aquele mulherengo, estragado com vitórias fáceis, experimentara tal ofensa e, ainda mais, por parte da mulher que desejava tanto.

Homem bonito, rico, fino, que sabia agradar, até então ele somente alcançara vitórias. E agora a mulher que inspirava algo parecido com um sentimento sério o recusava.

Além disso, o marquês estava completamente convencido de que não lhe era indiferente. Ele lhe fazia a corte já havia mais de um ano. Raiva louca veio suceder a ofensa amarga.

– Simuladora – começou ele a falar com voz rouca. – Será que a senhora deseja fazer-se de uma princesa não-me-toque e repele a pessoa a quem ama? A senhora não quer aproveitar um momento de amor que o destino lhe concede? Será que a senhora realmente acredita que eu não a tomaria se quisesse?! A senhora é uma palha em minhas mãos de ferro... Aqui não há ninguém, poderia tomar a senhora à força, os trovões abafariam seus gritos...

Ele agarrou-a pelos braços e a jogou ajoelhada na sua frente.

– Basta que eu queira e a senhora será minha. Nem resistiria, porque está sentindo a força esmagadora da paixão. Por essa paixão ser criminosa, a senhora ficaria em êxtase. A senhora teria prazer em sujeitar-se à minha vontade! Mas agora eu próprio não a quero. Para mim é suficiente já saber que poderia possuí-la. E quanto à senhora... arda de paixão não satisfeita e chegará a hora, eu sei disso, quando a senhora implorará ao destino que repita este momento; então a senhora dirá adeus à sua "virtude".

Ele soltou os braços dela com a mesma impetuosidade e virou-se de costas, depois se pôs ao lado da janela e, respirando com dificuldade, começou a enxugar o suor do rosto.

No primeiro momento, Kira nem conseguia levantar-se, paralisada com o olhar autoritário e ardente. Finalmente, levantou-se. Estava pálida; cada nervo vibrava nela, enquanto o coração batia tão fortemente, que lhe prendia a respiração.

Dominando-se com dificuldade, arrumou os cabelos despenteados e silenciosamente se encostou na parede.

Kervadeque foi o primeiro a quebrar o silêncio prolongado e aflitivo. Agora ele estava totalmente tranquilo.

– A tempestade passou – pronunciou, com tom indiferente e desdenhoso. – Eis que aparece o sol. Eu conheço o caminho e podemos nos arriscar indo ao ponto de concentração.

Sem falar nada, Kira dirigiu-se à porta.

O ar estava fresco, mas o capim regado pela chuva estava escorregadio. Seus pés deslizavam a toda hora. Kervadeque percebeu isso.

– Seja bondosa, me dê o braço ou a senhora cairá.

Ela queria recusar a ajuda, mas a garganta apertou, seus pés tremiam e ela deu-lhe o braço sem protestar.

Só depois de chegar ao pavilhão, Kira respirou com alívio. Aparentemente, ela se dominava o bastante.

Foram recebidos com risos. Todos se puseram a contar ao mesmo tempo sobre suas aventuras ou seus aborrecimentos, causados pela tempestade. Por sua vez, o marquês descreveu, de maneira engraçada, tudo o que tinha acontecido: como eles haviam tentado sem sucesso escapar da chuva e corrido pela floresta até que, finalmente, por acaso, tinham encontrado uma velha casa de guarda.

– Kira Viktorona ficou esgotada e não conseguia correr mais rápido, apesar de não poupar as suas rendas; por isso, toda a moita guarda os vestígios da nossa corrida e um velho e alto pinho ficou com o chapéu como lembrança – concluiu, rindo.

– Que pena! – condoía-se Olga Dmitrievna. – O chapéu era uma combinação linda de rendas e miosótis.

Kira respondia com brincadeiras, mostrava o vestido rasgado e os sapatos, pretos de lama. Bassarguin começara a inquietar-se, mas ela o acalmou.

Enfim, a agitação geral cessou, todos se sentaram à mesa e a festa terminou de um modo feliz.

Capítulo 4

Desde o dia do piquenique, Kira ficou totalmente dominada pela inquietação e pelo nervosismo.

A imagem do marquês a perseguia, como um pesadelo; todos os detalhes da tempestuosa cena na casa de guarda surgiam na sua memória com persistência.

O interesse ou atração que Kervadeque sempre lhe inspirara transformara-se em paixão. A completa indiferença que o marquês lhe demonstrava só agitava esse sentimento.

Aparentemente, ele estava como antes, amável e prevenido, mas não procurava mais sua companhia; em sua frente, cortejava cada mulher bonita que surgisse e ela lia claramente no seu olhar de gelo que o perdera para sempre.

Às vezes se perguntava se teria sido um sonho. Seria possível que a pessoa que ela vira tão tomada pelo ímpeto da paixão pudesse esfriar tão rapidamente?

Sob a influência do ciúme e da emoção, Kira perdeu o sono e o apetite. Noite e dia construía planos de como reconquistar aquele homem e já se condenava por haver repudiado o seu amor.

A afeição para com o marido desaparecera totalmente e, de tempos em tempos, chegava até a detestá-lo.

Certa noite, duas semanas depois da memorável festa, Kira encontrava-se só em casa. Alexei Arkadievitch fora à cidade a negócios e pretendia voltar somente no dia seguinte. Olga Dmitrievna convidou-a para sua casa, mas a outra recusou, alegando enxaqueca. Ela simplesmente desejava ficar sozinha.

Era uma maravilhosa noite quente de julho. Estava sentada na sacada contígua ao seu quarto; recostada na poltrona, sonhava, olhando impacientemente para o caminho inundado de luar.

O carro do marquês frequentemente passava por lá e ela vigiava esses momentos para vê-lo pelo menos de longe. Mas dessa vez a estrada permanecia vazia e Kira mergulhava nas suas meditações habituais.

Ela se acusava, com despeito, por ter sido tão tola, privando-se de felicidade. Agora pensava que o objetivo principal da sua vida seria conquistar novamente o amor do marquês. Mas como? Não haveria outra maneira, a não ser a de suplicar o amor que ela própria havia recusado?

Era lastimável que não se soubesse onde Maleinen estava. Ela tinha em seu poder forças misteriosas e, sem dúvida, poderia ajudá-la...

Mas, nesse momento, Kira por acaso olhou para um grande arbusto de jasmim, inundado de luar, que havia a alguns passos do terraço. De repente estremeceu e endireitou-se.

Lá, no meio das ramas, estava em pé uma sombra negra, parecendo humana, e dois olhos fosfóricos olhavam para ela obstinadamente. Kira esfregou os olhos. Estaria ela dormindo?

Realmente, os dois olhos ardentes como carvão olhavam para ela. Pelo visto, era um ser vivo. Alguém de fora penetrava no jardim.

Dominada pelo medo e pela curiosidade, Kira desceu do terraço e foi em direção ao arbusto. Mas, quando já se aproximava, a visão estranha recuou para uma clareira, deslizando sobre a terra e ondulando, como uma nuvem de vapor levada pelo vento; depois começou a perder a cor como se fosse se dissipando na sombra das árvores.

Por algum tempo os olhos ainda brilhavam na nuvem de vapor; depois se apagaram e tudo desapareceu. Pálida e assustada, Kira voltou para seu quarto, fechou a porta do terraço e a janela. Ordenou que a empregada dormisse aquela noite num quarto ao lado do seu. Sentia medo. A visão incompreensível tanto a interessava como a fazia sentir calafrios.

No dia seguinte recebeu de sua prima Zoya Nelidova uma carta na qual comunicava que viria passar uma temporada de duas semanas em sua casa. Zoya, conhecida no seu círculo de relações como Zizi, frequentara o mesmo colégio interno que Kira e já havia quatro anos estava casada. Morava na Criméia, mas naquela época seu marido fora transferido para São Petersburgo, sendo obrigado a permanecer algum tempo na localidade do antigo emprego para que pudesse passar o cargo.

Na carta, Zoya pedia hospedagem para ela e o filho até que o marido viesse definitivamente. A perspectiva de ficar algum tempo com a prima deixou Kira muito alegre. Zizi era uma pessoa vivaz e sua alegria por certo desviaria sua atenção de pensamentos melancólicos.

Além disso, ela poderia dar-lhe algum bom conselho de como remediar a tolice feita e fazer com que Kervadeque voltasse para ela. Não temia sua rivalidade, pois o casal Nelidova passava por um par exemplar.

Dois dias depois da chegada da carta, Alexei Arkadievitch trouxe para a casa de verão Zizi, o filho, a babá e a empregada. Uma grande bagagem acompanhava os recém-chegados.

Seguiram-se abraços e beijos carinhosos; a criança foi instalada em um quarto à parte e ambas as primas foram tomar o café da manhã no quarto da hóspede, que depois desejou trocar-se e descansar até a hora do almoço.

Zizi era uma mulher bonita, delgada, de cabelos pretos, com grandes olhos brejeiros e negros, muito desembaraçada e uma grande seguidora da moda.

— Como é difícil viajar com crianças... — suspirou Zizi, cortando um pedaço de torta. — Aconselho você: não permita que coloquem essa corda mortal no seu pescoço.

— Tomarei em consideração o seu conselho... Mas, e você? Como pôde ser tão imprudente a ponto de ter uma criança? — perguntou Kira, sorrindo.

— Somente por necessidade. Eu não queria perder 150 mil rublos; é uma fatia apetitosa. Imagine só: o tio do meu marido Sandro, Vitali Pertrovitch, colocou na sua cabeça que se eu não tivesse filhos, doaria todos os seus bens para um mosteiro. Ele já estava ficando velho, vivia cercado de vários comensais e parasitas e precisava apressar-se. Eu estava casada havia dois anos, mas a criança não vinha. Eu e meu marido estávamos muito amargurados. Nesse momento, Sandro precisava ir a Odessa por uma semana. Num dia desses, quando ele estava ausente, surgiu um feliz acaso... Mas... — parou Zizi — você deve prometer não comentar o que vou lhe contar! É um segredo!

— Por quem me toma?! Fale, não tenha medo. Ficarei muda como um peixe.

— Então. Para minha sorte, chegou a Sebastópolis um couraçado, onde serve um primo nosso, Michel. Ele me visitou... Meu Deus, como ele ficou bonito! Se você o visse... E, além de bonito, ele é muito gentil, tem caráter generoso... Numa palavra: fiquei encantada! Aliás, ele também me achou mais bonita... Michel começou a me cortejar, e aí, durante um passeio ao luar, tudo aconteceu espontaneamente. Com o passar do tempo, eu aprendi que os passeios ao luar podem ser proveitosos... Naturalmente, Sandro ficou louco de alegria... Há--há-há!... O tio batizou pessoalmente o meu menino. Apressamo-nos exatamente na hora certa, pois cerca de dois meses depois de batizar Vitia, o tio faleceu e nós nos apropriamos da herança. Ufa! O prêmio foi merecido, mas da próxima vez não cometerei tal loucura!

— Como tudo muda neste mundo! Lembra-se? No colégio interno você ficava indignada com as ideias libertinas dos escritores da moda, como Burje e Ko. Você pregava para mim as virtudes do matrimônio e da família...

— Os maridos também ficam fartos de esposas que não apreciam um trocadilho picante e que não pensam em nada mais a não ser no bom funcionamento do estômago do seu filho ou em como cuidar da economia doméstica. Numa palavra: os homens se afastam das "galinhas chocas", ocupadas apenas com seu galinheiro.

— Se eu a entendi bem, você dispensa futuras aventuras amorosas. Aliás, dizem que vocês têm um casamento perfeito... — observou manhosamente Kira.

— Você não me entendeu bem, ma chère. Claro, nós vivemos muito bem e não brigamos nunca! Quanto a mim, sei fechar os olhos quando e onde for preciso. Mas como, por minha parte, sou cautelosa, meu marido realmente não vê nada. Sandro confia em mim cegamente. Mas me abster dos amores é simplesmente impossível; isso seria até prejudicial à saúde!

— Olhe só! De onde você tirou isso?

— Um médico sábio me disse. Ele tem uma prática enorme quanto a isso. Insiste em que todas as mulheres virtuosas e fiéis aos seus maridos, com o passar do tempo tornam-se indolentes e gordas. E ele está com a razão! Isso é simples e lógico. Não ter um amante é nocivo para uma mulher jovem e cheia de vida. O marido é um prato servido frequentemente e que logo farta e causa inapetência. A rotina elimina as emoções agradáveis, enquanto a mudança aquece o sangue, sustenta a energia e com isso preserva a beleza, a leveza dos movimentos, numa palavra: o chiquê.

— Você é tão ágil, alegre e encantadora, Zizi, que é de supor que siga escrupulosamente os conselhos do "grande cientista" — disse Kira, rindo com toda vontade.

— Exatamente! Quero permanecer linda e recuso somente "presentes" semelhantes àquele que me deixou meu passeio ao luar em Sebastópolis. Aliás, sou modesta: durante quatro anos de casamento, fiz somente três "mudanças de decoração"... Aliás, foi um desses amoricos inocentes que me deu esta pulseira maravilhosa. No entanto, Sandro está convencido de que a comprei com as minhas economias... – ao pronunciar essas palavras, soltou uma gargalhada vulgar.

– Diga-me, por favor: uma dama me disse que a maternidade é um sentimento indescritível e maravilhoso. É verdade? Você parece adorar o seu bebê.

Zizi empurrou o prato, pegou seu cachorrinho Bichka e colocou-o sobre os joelhos.

– Veja: meu pimpolho é divertido, claro, até que não chore. Quanto ele está bem-vestido, todo de rendas e todos o admiram e perguntam: "É seu filho? Que criança encantadora!" – então, confesso, isso é muito agradável e lisonjeia-me. Mas...

Fez uma caretinha.

– De um modo geral, seu nascimento me custou tão caro que eu nem sei se o amo mais do que a meu Bichka.

E ela beijou carinhosamente o focinho do cachorro.

– Mas, basta de falar de mim! Eu já confessei tudo. Agora é a sua vez! Você gosta do seu marido? Bassarguin é simpático. Será que você já teve um amante? Será? A escolha é grande, especialmente para uma mulher tão bonita como você...

– Suponho que achar um amante não seja difícil para mim, mas ainda não pensei nisso, o que não significa que faça a promessa para sempre, ao contrário... pois, como você diz, é bom para a saúde. Há-há-há! Só que ainda não escolhi ninguém.

– Nesse caso, boa sorte! Vejo que o amor para com seu Alexei não incomoda você... – comentou Zizi manhosamente, dando piscadelas e rindo.

– Acho que tanto quanto o seu para com o Sandro... – disse Kira.

Depois Zizi trocou-se e juntas saíram para o terraço, à espera do almoço e da volta de Alexei Arkadievitch, que saíra a cavalo.

Por falar em vizinhos, Zizi alegrou-se quando soube que a família Freindlik estava instalada ao lado, pois conhecera Olga Dmitrievna no outono anterior em Ialta.

– Amanhã, sem falta, visitarei essa mulher encantadora – disse Zizi.

E logo em seguida contou coisas pouco lisonjeiras sobre as aventuras daquela "mulher encantadora" na Criméia.

De repente, parou e ergueu os braços.

– Ah, que cavalheiro interessante avistei aqui na estação. Ele esperava por um senhor que chegou no mesmo trem e, juntos, partiram de carro. Como gostei dele! Um homem de cabelos negros, alto e esbelto, com olhos ardentes e uma barbicha aguda. Aparenta ser estrangeiro e tem algo de cavaleiro. D'Artanian deveria ser assim, ou um cortesão dos tempos da noite de Bartolomeu. Quem será ele? Você não o conhece? Gostaria muito de passear ao luar com esse cavalheiro... – concluiu Zizi com admiração.

Kira ruborizou um pouco.

– Você não perde tempo, se já está pronta para passear com uma pessoa de quem não conhece nem o nome. Isso já é demais!

– "Querer" ainda não significa "picar". No entanto, quem pode ser ele?

– Provavelmente, o marquês Kervadeque; fora o meu marido e Freindlik, só ele tem carro. Mas a sua descrição é justa somente em relação à sua aparência. Ele é um homem cínico e desregrado.

Zizi não disse nada. A chegada de Bassarguin a fez mudar de assunto.

No dia seguinte, as primas foram visitar Olga Dmitrievna. Ao ver Zizi, esposa do banqueiro ficou transbordante de entusiasmo e convidou-as para o almoço.

À noite, o marquês chegou e trouxe consigo um amigo, que viera passar uma semana em sua casa. Logo, Kervadeque e Zizi começaram um flerte animado, para grande desgosto de Kira. Ela sufocava de ciúme.

A semana transformou-se para ela numa penosa tortura. Ante seus olhos, começava abertamente o namorico entre Zizi e o marquês. Arman Kervadeque passou a procurá-las quase diariamente, e toda sua atenção era voltada a Zizi. A esposa de Sandro parecia estar louca pelo marquês e nem tentava dissimular sua paixão.

Kira perdia o sono e o apetite, estava com os nervos fora do lugar. Era muito difícil ocultar o que sentia. Toda ela ardia e tremia, quando os olhos negros do marquês, indiferentes, deslizavam sobre ela e olhavam com paixão para Zizi. Começou a detestar a prima e planos, um mais sóbrio do que o outro, passavam pela sua cabeça.

A decisão inabalável de fazer com que o marquês, custasse o que custasse, voltasse para ela amadurecia cada vez mais. E achava pouco ser sua amante. Desejava se casar com Arman para ter direitos legítimos sobre ele. Divorciar-se-ia de Alexei. Estava farta, e a paixão dele a repugnava.

Certa vez, quando todos almoçavam na casa de Freindlik, Olga Dmitrievna propôs que fossem à floresta para a colheita de cogumelos e sua ideia foi aceita com entusiasmo.

— Colher cogumelos é um costume do campo, e a ideia é muito atraente e interessante.

Todos imediatamente providenciaram as cestas e puseram-se a caminho. O grupo era numeroso, muitos oficiais e mães com suas filhas chegaram da cidade.

O marquês, claro, acompanhava Zizi. Ela trajava com elegância um vestido de musselina cor-de-rosa, que lhe caía muito bem. Também um bonito chapéu com flores vermelhas combinava muito com ela.

Olga Dmitrievna notou que Kira e Kervadeque estavam distantes, mas não insistiu em procurar saber o motivo. Mostrava-se tolerante como sempre e na ocasião protegia o flerte de Zizi.

— Por favor, marquês, seja o acompanhante de Zoya Nelidova. Ela pode perde-se, e isso é muito fácil quando se fazem passeios sem direção certa na floresta, procurando cogumelos...
— exclamou ela.

– Não se preocupe, Olga Dmitrievna. Conheço todas as veredas e serei um guia fiel para Zoya. Entretanto, confesso sinceramente que não há nada melhor do que se perder um pouco na espessura da mata e descansar na tranquilidade da floresta.

Zizi respondeu com um olhar coquete de simpatia.

Um especialista em jurisprudência coube a Kira e ela mal conteve seu desgosto.

Kervadeque logo conduziu sua dama para a casinha de guarda abandonada – aquele lugar desgraçado onde seu amor-próprio sofrera um golpe tão grande. Ele não conseguia esquecer sua derrota. Mas naquele dia pretendia comemorar vitória.

Evidentemente, aquela moreninha não poderia ser comparada a Kira – a esposa de Alexei era uma mulher de verdade –, mas em compensação Zizi era bem mais acessível.

Caminhando pela senda sem fim, seguindo sua dama, o marquês olhou para ela de forma significativa e perguntou se não preferia os "desvios", pois seria difícil encontrar algo interessante nos caminhos "principais"...

– Isso depende de com quem se está caminhando e da sua habilidade em tornar qualquer caminho interessante... – disse, rindo sagazmente, a esperta Zizi.

Eles acharam alguns cogumelos grandes e um pouco de pequenos e levaram consigo. Depois, ficaram juntos durante muito tempo na casinha de guarda...

Já havia escurecido quando voltaram à casa de verão.

– Ah, como nos atrasamos! Parece que todos já voltaram e só nós ficamos faltando – notou Zizi com preocupação e acelerando o passo.

– Era só o que faltava... Não vale a pena preocupar-se por ninharias. Diremos que perdemos o caminho. A questão será: que caminho? – desatou a rir o marquês.

Aborrecida com seu cavalheiro muito jovem e tímido, Kira foi uma das primeiras a voltar. Sufocava de cólera e ciúmes.

Acusava-se, mas de que se acusava? Não conseguia dar-se conta. Teria culpa por ter recusado o amor de Arman ou, por até então, não ter encontrado Maleinen?

"Darei um pulo na cidade sem falta", pensava. "Maleinen dará uma lição a essa sem-vergonha; estragará o jogo dela. Parece um animal louco! Lança-se sobre qualquer homem, sobre o primeiro que encontra!", ruminava a esposa de Bassarguin.

Verdadeiro prazer sentia o marquês, ao notar a palidez de Kira, o brilho febril de seus olhos e o olhar cheio de ódio que lançava sobre Zizi. Depois do chá, Kira declarou ter dor de cabeça e foi para casa. Em vão tentaram convencê-la a ficar para jantar; em vão tentaram lhe provar que a enxaqueca passaria depois de comer. Ela persistiu em seu parecer, e Zizi, enraivecida, viu-se obrigada a voltar para casa junto com ela.

As duas estavam furiosas e no caminho aconteceu uma leve desavença. Não havia estranhos e ninguém as atrapalhava. Bassarguin ficou para jogar cartas, e o marquês prometeu levar um dos hóspedes até a estação de trem.

Para começar, Zizi disse com azedume que Kira estava cheia de caprichos e, por causa de uma simples dor de cabeça, estragara uma companhia maravilhosa. Sarcástica, a prima respondeu ironicamente:

— Você, provavelmente, não ficou "cochilando" com Arman Kervadeque...

— Ora, prima, conversar com um homem tão interessante é um verdadeiro prazer. Fiquei encantada por ele... – notou Zizi com ar de desafio.

— Ah, sim. Fez tudo para provar a Kervadeque e a todos o quanto estava encantada por ele. A conversa recolhida de vocês durou bastante tempo. Mas, minha querida, permita-me dizer que é muito imprudente exibir paixão e andar horas inteiras na floresta com um homem assim. Ele tem uma reputação horrível.

— Você me leva a pensar que está com ciúmes do marquês e tem inveja de mim, pois ele me corteja abertamente – exclamou Zizi enfurecida, esquecendo-se do decoro.

— Não estou com ciúmes, porque não compartilho seus gostos depravados e não me entrego ao primeiro que encontro como uma libertina de rua!

Zizi sufocava de fúria. Sua briga poderia acabar muito mal, mas elas chegaram à casa de verão e a conversa desagradável cessou.

Fervendo de raiva, elas foram cada qual para o seu quarto. No dia seguinte, aconteceu algo imprevisto, que mudou o rumo dos acontecimentos. Alexandre Alexandrovitch Nelidov, ou "Sandro", o marido de Zizi, chegou cinco dias antes da data marcada e declarou que no dia seguinte deveria levar sua esposa para organizar o novo apartamento deles.

Zizi logo se aquietou na presença do seu "querido Sandro" e ficou séria. Para evitar alguma provocação por parte da prima, desculpou-se com ela por lhe haver dito palavras ásperas. Kira sorriu desdenhosamente e respondeu rispidamente que não pretendia tirar "a catarata" dos olhos de Alexandre Alexandrovitch e que um dia a própria Zizi curaria aquela cegueira com seus disparates. Zizi não retrucou e as amigas separaram-se com frieza. Dois dias depois, alegando ter que visitar a costureira, Kira partiu para São Petersburgo, à procura de Maleinen.

Depois de tomar a firme decisão de encontrar a bruxa, mesmo que para isso fosse necessário viajar para a Finlândia, Kira dirigiu-se ao cemitério Volcov logo no primeiro dia de sua chegada. Era preciso primeiramente indagar aquele guarda que as tinha acompanhado até a casa da feiticeira naquela noite inesquecível. Ela não esquecera nem seu nome, nem sua aparência, e logo o reconheceu na entrada do cemitério. Ele varria um túmulo, mas ao ver que uma senhora bem-vestida o chamava, deixou a vassoura e foi ao seu encontro.

Kira colocou em sua mão, para começar, três rublos e perguntou se ele sabia onde estava a feiticeira que antigamente morava ali. Vendo uma gorjeta tão generosa, o velho soldado se iluminou.

— Sim, senhora, há cerca de um mês, ela voltou, só que com outro nome, e abriu uma barraca em que vende coroas de flores para túmulos. Todos sabem que é a mesma pessoa. A velha tem um monte de dinheiro, subornou quem fosse necessário e a polícia parece que não a vê. Por favor, eu a acompanharei até lá.

Mais uma nota de um rublo passou para a mão do guarda como recompensa por sua fidelidade.

Depois de cinco minutos, Kira estava frente a frente com a conhecida bruxa que naquele momento vendia uma coroa de flores de papel para uma senhora. Os olhos perspicazes da velha fixaram-se por um instante em Kira e um desagradável sorriso malicioso percorreu seu rosto enrugado.

Logo que a freguesa foi embora, Kira fingia escolher uma coroa e, ao mesmo tempo, cochichou:

— Preciso falar com a senhora a sós.

— Então venha mais tarde, entre duas e quatro horas. Eu fecho a barraca e saio para almoçar. Meu neto aguardará a senhora na entrada do cemitério e a levará ao meu encontro.

Kira foi embora contente. No caminho, passou pela confeitaria para tomar uma xícara de chocolate, comer pastéis e tomar sorvete. Quando o relógio bateu duas horas, dirigiu-se ao cemitério.

Um garoto magro e louro desbotado a esperava como havia sido combinado e conduziu-a agilmente. Ela avistou a mesma casinha velha e torta. Kira estremeceu ao entrar na sala onde acontecera seu sinistro casamento com Bassarguin.

A velha estava ao lado da janela e examinava com atenção um prato com borra de café. Indicou para Kira um banco e ficou muito tempo olhando fixamente para ela.

— Se não me engano, a senhora não ama seu marido, mas a outro, e quer se casar com ele. E por esse motivo veio — disse calmamente Maleinen.

Aturdida, Kira olhou de maneira confusa para a velha.

— Como... a senhora sabe? — murmurou ela.

– Sim, sei, e posso servir à senhora, já que é uma boa cliente. Diga-me claramente o que deseja.

– Quero que meu marido se divorcie de mim para que eu possa me casar com a pessoa que adoro e que tem de me amar apaixonadamente. Só que, por favor, não seja um casamento como foi o primeiro.

A velha ficou pensativa.

– Muito bem, patroa, farei tudo como a senhora deseja. Somente escreva para mim num papel o seu nome, o nome do seu marido e o da pessoa por quem se apaixonou. Amanhã venha na mesma hora e eu lhe darei tudo o que precisa.

Kira tirou cinco moedas de ouro.

– Se tudo der certo, eu lhe pagarei a outra metade.

– Fique tranquila; os meus clientes têm boa sorte sempre e em tudo.

– A senhora tem uma boa clientela? – perguntou Kira com um sorriso.

Uma expressão zombeteira e contente apareceu no rosto da bruxa.

– Graças a Deus, há trabalho e meus visitantes são senhores importantes. Há quem queira se casar, quem queira ficar viúva, quem queira pegar um príncipe, e há quem queira amolecer o coração do marido avarento. Os homens também me visitam. Há pouco me visitou um marinheiro jovem, oficial. Ele queria se casar com uma senhora velha, muito rica, mas queria que arranjasse de modo que ela morresse logo. Eu fiz tudo como ele desejava; ele já ficou viúvo e me agradeceu regiamente. Graças a Deus, não serei pobre quando ficar velha e não puder mais trabalhar.

As palavras da feiticeira ficaram gravadas no espírito de Kira e ela pensou, com angústia, que o destino de uma pessoa às vezes dependia de tais casualidades incríveis. Nem a beleza, nem os valores espirituais, nem as faculdades mentais lhe haviam trazido sucesso – tudo fora arranjado pelo encontro com aquela estranha e misteriosa mulher que sabia, de um jeito qualquer, dirigir as forças invisíveis e ocultas e reduzir à obediência da sua vontade as naturezas mais resistentes.

Depois de receber um pacotinho de pó cinza e um vidro com um líquido cor-de-rosa, Kira voltou para a casa de verão. No dia seguinte, o pó foi jogado sobre os sapatos do marido como ordenara a velha, e o conteúdo do vidro o marquês bebeu.

Depois de cumprir exatamente as indicações da velha, Kira pôs-se a esperar tranquilamente o desenvolvimento dos acontecimentos. O efeito da droga manifestou-se antes de tudo sobre o marquês. Ele novamente começou a visitar Kira e a paixão novamente se inflamava nos seus olhos.

Alexei Arkadievitch, ao contrário, começou a definhar, empalidecer, ter o aspecto preocupado, reclamar de dor de cabeça. Ficava nervoso, sofria de insônia e de falta de apetite.

Kira insistiu para que ele fosse ao médico, e como Bassarguim tivesse alguns negócios para resolver na cidade, foi a São Petersburgo. Ele deveria voltar no dia seguinte e trazer consigo dois colegas. O próprio marquês esperava um amigo seu da cidade e prometera buscar de carro também Bassarguim e seus hóspedes.

No dia seguinte, Kira acordou com um sentimento de inquietação e essa preocupação crescia a cada hora. Ela procurava sem sucesso distrair-se com leituras, passeios e música. Mas a inquietação não desaparecia, o coração batia fortemente e um tremor frio percorria-lhe o corpo.

Aproximou-se da janela e olhou para a estrada, mas estava vazia. Tomou tintura de valeriana e, abaixando as cortinas, deitou-se no canapé do escritório para poder dormir um pouco antes que o marido e os hóspedes chegassem.

Quanto tempo esteve perdida em sonhos, ela não sabia dizer. Mas, de repente, a janela fechada abriu-se com tanta força que até rasgou a cortina azul de seda. O sono desapareceu e Kira levantou-se.

A rajada de vento frio irrompeu no quarto e soprou no rosto dela, enquanto lá fora fazia um calor sufocante. Ela queria levantar-se do canapé e então percebeu sobre os joelhos um grande buquê de lírios e camélias, coberto com respingos vermelhos.

Recostou-se nas almofadas e olhou, perplexa, o buquê que não sabia de onde viera e que estava coberto de gotas que pareciam sangue...

O que significava aquilo? Teria acontecido alguma desgraça com seu marido? Por que ela recorrera outra vez à ajuda do diabo?!

Seus dentes batiam como se tivesse febre e um suor frio cobriu-lhe a testa. Tentou dominar-se e levantou. O buquê, ela colocou na mesa e chamou Anuchka, a empregada. Esta, pasmada, examinou a janela aberta, a cortina rasgada e o buquê, em relação ao qual confirmou que não viera ninguém que pudesse tê-lo trazido.

– Meu Deus! Senhora, o buquê está todo coberto de sangue – gritou ela, de repente, tocando com o dedo um lírio que estava mais salpicado do que os outros.

Kira sentiu-se mal e caiu na poltrona. Anuchka saiu correndo para buscar amoníaco.

Enquanto fazia a patroa voltar a si, friccionando as têmporas com vinagre de toucador, de fora se ouviu o barulho de vozes alarmadas. Kira levantou-se de um salto e correu para o terraço. Uma procissão movimentava-se pelo caminho, não muito distante: quatro homens transportavam em maca alguém coberto por um paletó; atrás seguiam outros homens e entre eles estava o marquês.

Todos estavam muito pálidos; seus trajes, desarrumados, rasgados e cobertos de pó. Kira logo compreendeu tudo e caiu desmaiada no chão. Quando voltou a si e se recuperou um pouco, o marquês lhe contou o que havia acontecido: Eles iam juntos num carro só. O carro batera numa carruagem de camponeses que estava virada de lado, com um dos camponeses recolocando uma roda caída. O carro capotara e atirara para fora os passageiros. Todos haviam sofrido apenas equimoses e pancadas leves, exceto o motorista, que torcera o braço e ferira a cabeça. Alexei Arkadievitch fora encontrado deitado numa poça de sangue, sem sinais de vida. Ele batera a cabeça num tronco com tanta força, que a morte fora instantânea.

– Pobre Alexei! Quem poderia pensar que ele iria acabar tão tragicamente, na plenitude de suas forças e felicidade? – disse um dos colegas de Bassarguin, com lágrimas nos olhos.

– Ele sempre pensava somente na senhora, Kira Viktorona – completou outro amigo do falecido. – Estava trazendo para a senhora um buquê maravilhoso de lírios brancos e camélias. Mas nós não conseguimos descobrir onde foi parar esse buquê. Gostaríamos de lhe entregar essas flores com última lembrança do falecido, mas não conseguimos achá-las em lugar algum.

Kira ficou loucamente apavorada. Ela não desejava a morte do marido, queria somente o divórcio. Mas deveria ser a força do mal, com a qual ela havia se ligado, que agira a seu modo. Kira acionara uma máquina cujo funcionamento não conhecia.

Então a liberdade lhe fora devolvida... Ficara livre de Bassarguin de maneira tão brusca e cruel como havia sido ligada a ele. O corpo do falecido inspirava-lhe pavor. Uma expressão de dor fixara-se em seu rosto pálido. Os olhos semi-abertos não se fechavam de jeito nenhum, parecendo olhar para ela. A impressão que dava é que dentro de um instante ele se levantaria e, apontando-lhe o dedo, gritaria: "É a assassina!". Mas os lábios silenciosos do falecido não se abriram...

Foi enterrado em São Petersburgo com grande solenidade. Depois do funeral, Kira não quis mais voltar para a casa de verão e ficou na cidade.

O testamento de Bassarguin, redigido na véspera do casamento, fez dela a herdeira de todos os seus bens. Então Kira conseguiu tudo o que desejava: posição social, liberdade e uma grande fortuna que lhe dava independência.

Ninguém sequer imaginava por quais meios criminosos e obscuros tinha ela conseguido tudo aquilo. Mesmo assim, os primeiros meses de viuvez foram difíceis; porém, não foi por sentir pena do marido ou por remorsos. Não, ela tinha medo de uma coisa mais assustadora: a vingança e a perseguição de "lá". Pois o buquê ensanguentado lhe fora trazido de um modo misterioso. Fora a última dádiva do homem que ela tomara para objetivos egoístas e depois sacrificara ao novo capricho...

Ficou dominada pelo medo: ele se vingaria?

Mas nada de especial aconteceu nem de dia, nem à noite. Tudo estava tranquilo; não havia nenhum fenômeno fora do comum que indicasse a manifestação do espírito do marido falecido.

Kira acalmou-se e se animou. Alegrava-lhe saber que o marquês estava apaixonado por ela e mal poderia conter sua paixão.

Na qualidade de amigo mais próximo de Bassarguin, Kervadeque frequentemente visitava a viúva e a ajudava a firmar-se nos direitos da herança. Ver Kira fora um deleite para ele.

No fundo do coração, Kira gozava de uma felicidade perfeita, mas aparentemente parecia triste e abatida; zelosamente visitava o túmulo do marido e usava luto fechado, que, a propósito, combinava muito bem com sua beleza serena e terna.

Depois de resolver as questões financeiras, Kira declarou que estava pronta para viajar para o exterior e que permaneceria por lá até que sua dor passasse e sossegasse ao menos um pouco.

Na véspera da viagem para o exterior, Kira e o marquês tiveram uma conversa, algo semelhante a uma declaração de amor. Kervadeque perguntou se poderia, dentro de mais ou menos oito meses, vir e lhe fazer o pedido do qual dependeria toda a sua felicidade.

– Pode vir – respondeu ela, corando e não retirando a mão, a qual o marquês beijava longa e apaixonadamente.

Capítulo 5

Kira estabeleceu-se em Dresden e, esperando o fim de seu luto, manteve uma correspondência ativa com o marquês.

Decidiram casar-se modestamente e sem alarde numa igreja de embaixada, saindo depois em viagem para onde quisessem.

Passado um ano e meio da morte de Bassarguin, o marquês reapareceu em Dresden.

Kira não queria viajar para a Itália e por isso eles se decidiram pela cidade de Tirol, para passarem lá as primeiras semanas da lua-de-mel.

Depois do casamento, ao qual estavam presentes somente os padrinhos, os recém-casados partiram e, no dia seguinte, às onze horas, chegaram ao lugar combinado.

O marquês reservara o apartamento por meio de um telegrama. A primeira coisa em que Kira fixou os olhos, quando ela e o marido entraram na pequena sala de visitas do apartamento reservado, foi um enorme buquê de camélias e lírios brancos que estava sobre a mesa, dentro de um vaso.

– De onde vieram essas flores e por que foram colocadas aqui? – empalidecendo, perguntou Kira ao lacaio, que a ajudava a tirar o casaco.

– Elas foram entregues de manhã, com a ordem de colocá-las no quarto da senhora marquesa.

— Quem será que trouxe esse buquê? Quem o recebeu? — indagava o marquês, ao ver que sua esposa tremia.

Kira caiu sem forças na poltrona.

— Eu pessoalmente recebi o buquê, senhor. Exatamente naquele instante eu estava na porta, de serviço. Um senhor muito bem-vestido aproximou-se de mim e me passou as flores e deu uma moeda de ouro de gorjeta — respondeu o lacaio.

— Como era ele?

— Alto, magro, usava uma barbicha preta e tinha o rosto impressionantemente branco. Eu até cheguei a pensar que ele, possivelmente, estava doente.

Kira tremia como se tivesse febre; tiritava de susto.

Logo que o empregado saiu do apartamento, lançou-se aos braços do marido e desatou em pranto.

— Foi Alexei! — murmurou ela.

— Kira, querida! Como pode dizer e, de um modo geral, acreditar em tais bobagens? — meio brincando, meio zangado, respondeu o marquês. — É evidente que um atrevido permitiu-se essa brincadeira de mau gosto.

— Pois eu achei um buquê semelhante nos meus joelhos no momento em que ele morreu! Você mesmo me disse que ele o segurava nas mãos sentado no carro, no momento da catástrofe — notou Kira, estremecendo.

— Sei disso e concordo que é um fato estranho. Mas admitir que Bassarguin saiu do seu túmulo em Lavra de Alexandre Nevski e chegou ao Tirol para lhe entregar um outro buquê é completamente absurdo.

Kira parecia acalmar-se com a argumentação do marido e fez um grande esforço para ficar pelo menos aparentemente tranquila.

Ela entendia que o surgimento do buquê parecia uma mistificação para seu esposo, mas lhe contar a verdade sobre os laços diabólicos que a ligavam ao falecido ela não podia.

Kervadeque mandou retirar as flores da sala. Com isso, notou-se que as flores exalavam um mau cheiro horrível.

O final do dia passou tranquilamente e, à noite, Kervadeque mandou servir o jantar no terraço, que dava saída para um jardim pequeno e isolado.

O marquês novamente estava bem-humorado e zombava de Kira. – Será que pode desconcertar-se e perder o apetite por um ataque descarado?

Ele encheu dois copos de champanhe e, ao levantar o seu, disse alegremente:

– Então, querida, esqueça essa mistificação boba e vamos brindar a nossa felicidade!

Naquele momento, de uma moita no jardim, ouviu-se o som de um violino.

Uma mão habilidosa tocava uma terna e triste canção russa, a canção predileta de Bassarguin. Ela era bem conhecida dos dois.

O copo caiu das mãos de Kira e quebrou-se; ela se levantou de um salto, tomada por mudo pavor, não tirando os olhos da moita.

O marquês também ficou pálido.

– Que diabo! Isso, afinal, está passando de todos os limites! – gritou ele e deu um murro na mesa. – O que é isso? É uma verdadeira perseguição! Espere que esse canalha vai ver, vai me pagar por isso!

Ele pulou do terraço e correu para a moita, de onde se ouviam os sons trêmulos do violino. Entretanto, por mais que procurasse na moita, não encontrou o músico misterioso.

Pálido, enxugando o suor frio do rosto, o marquês voltou ao terraço e no mesmo instante a música cessou.

– Vamos embora, imploro-lhe... Não sou capaz de dormir aqui! – exclamou Kira com lágrimas nos olhos.

– Claro, claro, pobrezinha! Eu também não quero ficar. Temos de ver o horário dos trens. Porém, para onde poderemos ir para que esse canalha impertinente perca a nossa pista? É algum admirador repudiado que soube do nosso casamento. Você não suspeita de alguém?

– Não – respondeu Kira com voz apagada.

Ela estava convencida de que somente agora começava a perseguição oculta, aquela vingança do além que ela havia pressentido e temido.

Do túmulo a que ela ficara ligada pelo segredo sinistro, a mão fria do falecido se estendia para ela, como que para seu patrimônio legítimo. Como fugir de tal credor?

Depois de uma longa discussão, ficou decidido que eles partiriam no trem da meia-noite, desceriam numa pequena estação qualquer e passariam alguns dias nas montanhas.

Eles chegaram ao lugar às 7 horas da manhã. A estação era insignificante e a maioria dos passageiros estava dormindo. Junto com eles, desceram do trem duas ou três pessoas.

Tomando em seguida uma carruagem, Kervadeque e sua esposa dirigiram-se a uma cidade vizinha, situada nas montanhas.

Era uma belíssima manhã de setembro. O ar livre e puro, a disposição pitoresca e a tranquilidade majestosa da maravilhosa natureza ao redor acalmavam a alma perturbada de Kira.

Quanto ao marquês, estava alegre e entusiasmava-se com o seu arguto método, inventado para despistar o sujeito que se atrevia a persegui-los. Divertia-se, imaginando o despeito do canalha.

A pequena cidade, limpa e vicejante, era fascinante e eles decidiram ficar algum tempo para fazer passeios nas montanhas.

O hotel em que o marquês e sua esposa se hospedavam não tinha o luxo e o conforto a que eles estavam acostumados, mas tudo era limpo e aconchegante; os donos mostravam ser pessoas simpáticas, prestimosas e afáveis.

Kervadeque parecia voltar a si de um pesadelo e deu um suspiro de alívio.

Serviram-lhes um café da manhã simples mas muito gostoso, que eles ingeriram com prazer. A alegria contagiante do marido também deixou Kira contente. Não teria ela realmente se enganado atribuindo importância demais a uma superstição tola?

Depois de terminar o café da manhã, o jovem casal pretendia descansar para compensar a noite de vigília, quando, de repente, apareceu a dona do hotel. Ela parecia preocupada e segurava um buquê de camélias e lírios brancos nas mãos.

– Acabaram de trazer flores para... – começou ela, mas parou, ao ver que o marquês saltava de supetão e que Kira desmaiava.

– Quem trouxe o buquê? – indagou o marquês, enquanto a dona do hotel ajudava-o a fazer com que Kira recobrasse os sentidos.

– Um senhor muito pálido, com barbicha preta – respondeu a bondosa alemã, em tom perplexo.

Enquanto ela despia Kira e ajudava-a a vestir o roupão, o marquês examinava as flores, esperando encontrar nelas alguma indicação qualquer. Mas as flores exalavam um mau cheiro tão forte que ele as lançou no chão com repugnância.

Sombrio e preocupado, ele se sentou ao lado de Kira, que soluçava. Ele começava a se perder em conjecturas. Possivelmente o canalha de ontem estivera com eles no mesmo trem e vira quando haviam tomado a carruagem.

Mas quem poderia ser ele? O que o induzia a uma perseguição tão cruel e vil? Kervadeque cerrou os punhos, sentindo uma raiva impotente. Se ele pudesse pegar aquele canalha, possivelmente o mataria.

Tinha de partir. Naquele fim de mundo, mais que em qualquer outro lugar, eles seriam alvo de uma nova patifaria. Mas ir para onde?

Depois de longas reflexões, propôs viajarem para Veneza, logo que Kira se recuperasse um pouco da inquietação. Sua esposa não o contradizia – ela estava sombria e indiferente a tudo.

Chegando a Veneza, foram para o hotel. Entretanto, devido à experiência amarga, o marquês deixou sua esposa na gôndola e, sozinho, foi conversar com o dono do hotel.

– Se por acaso surgir um senhor com um buquê de lírios e camélias brancas, peço...

– Ele já esteve aqui. Então foi para vocês que ele reservou o apartamento na sobreloja com vista para o canal grande? Ele deixou as flores e um cartão de visitas.

Kervadeque ficou pálido.

– Peço que tome providências para que isso não chegue à minha esposa, está ouvindo? Não ocuparei o apartamento alugado! O senhor pode conseguir outro para mim? O preço não me importa. O buquê e o cartão, eu quero ver.

– Muito bem, senhor. Eu tenho um apartamento, que acabaram de desocupar, tão confortável quanto o outro, mas a vista já não é tão boa, as janelas dão para o canal lateral. Quanto ao buquê, ordenarei com toda severidade para que ninguém o mencione na presença da marquesa – respondeu prestimoso o dono do hotel.

– Agradeço muito. Então, instalarei a minha esposa e logo depois veremos o cartão que ele deixou. A propósito, providencie para que ninguém entregue correspondência, nem cartas, nem cartões ou encomendas, para a marquesa, só o façam por meu intermédio. Tenho motivos importantes para isso.

Depois de acompanhar a esposa ao apartamento já preparado, Kervadeque, sob o pretexto de dar uma ordem qualquer, dirigiu-se junto com o dono do hotel aos aposentos que haviam sido reservados para ele pelo desconhecido misterioso.

Ao entrar na sala de visitas, viu na mesa o buquê fatal.

– E o cartão de visitas? Estou muito interessado em saber o nome desse pateta. Deve ser um paciente de algum manicômio – disse Kervadeque, enquanto o dono pegava as flores e lhe entregava um cartão de luto.

Mas, olhando para o cartão, o marquês ficou assombrado e dominado de pavor. Nele estava escrito: "Alexei Bassarguin".

– Que coisa sem precedentes! – escapou-lhe. – Quem viu esse senhor? Será que alguém pode descrever sua aparência e repetir o que ele disse?

– Eu vi esse senhor – disse uma mulher velha, que guardava coisas no guarda-roupa. – Era um homem meio magro e alto, de cabelos negros e barbicha preta, mas estava tão pálido, tão pálido, que eu cheguei a pensar que ele tivesse saído do campo-santo. Ele cheirava tão mal como essas flores. É difícil acreditar nisso, pois as flores são tão lindas... – completou ela com repugnância.

Extremamente desconcertado, voltou o marquês para seus aposentos, onde encontrou a alegre Kira.

– Querido, não há nenhum buquê! – disse ela, lançando-se aos seus braços.

– Sim... Sim... – respondeu o marquês tentando dissimular sua perturbação. – Evidentemente, ele perdeu a pista. Agora, você pode ver que o nosso perseguidor não tem nada a ver com o mundo do além.

O dia transcorreu muito alegre. O rosto encantador de Kira ganhou mais vida, somente o brilho febril dos seus olhos e o nervosismo, que a faziam empalidecer e estremecer ao menor ruído, demonstravam até que ponto todo o seu organismo fora abalado pelos acontecimentos estranhos.

Trocou o seu traje de viagem por um bonito roupão azul de seda. Era já quase meia-noite quando eles terminaram o jantar. A criadagem foi dispensada e eles resolveram ir dormir.

Ao chegar ao dormitório, o marquês disse, brincando, que cumpriria as obrigações da criada de sua esposa e, ajoelhando-se, começou a tirar-lhe os sapatos. Ela abaixou-se e o beijou.

– Como estou feliz e o amo – sussurrou ela.

Nesse momento, embaixo da janela, ouviu-se o ruído de ondas sob remos e o som de um violino. Novamente ressoava a canção popular russa, a favorita de Bassarguin. Kira soltou um grito surdo e, escapando das mãos do marido, recostou-se no encosto da poltrona.

Furioso, Kervadeque correu para a janela. Ela estava aberta e o vão coberto apenas por um mosquiteiro. Com um soco, perfurou o tecido, aumentou o buraco e assomou à janela.

Sob a janela, brilhava a superfície lisa e escura do canal que desembocava no Canal Grande. O canal estava vazio e só uma gôndola escura, sem lanterna, partia rapidamente ao longe. Na parte traseira do pequeno camarote, brilhantes, como se fossem iluminadas por luz elétrica, uma caveira e tíbias. Mais um instante e a gôndola desapareceu no escuro; a música cessou...

Respirando com dificuldade, o marquês voltou para sua esposa.

Mortalmente pálida, Kira estava banhada de suor frio e tremia como se tivesse febre.

– Minha coitada, acalme-se e não se entregue a essa comédia infame – disse ele, abaixando-se para beijá-la.

Ela enlaçou-se impetuosamente no seu pescoço.

– Eu não devo pertencer a você! O morto está entre nós... – cochichou ela e desatou em pranto.

O marquês endireitou-se.

– Você não pensou bem antes de dizer isso. Imagine se todos os maridos mortos proibissem suas viúvas de se casarem novamente. Isso é um absurdo! Não! Alguém se diverte conosco de maneira criminosa e vil. Mas eu procurarei e acharei esse canalha que se atreve a desempenhar o papel de Bassarguin, e então ele verá! Toda essa história ganha aparência de sobrenatural, somente porque ainda não descobrimos a mola oculta que está agindo. Agora, meu bem, acalme-se ou cairá doente.

Ele colocou a esposa na cama, deu a ela gotas para dormir e sentou-se ao seu lado, segurando a mãozinha dela entre as suas mãos. Ela estava com medo e pedia para que ele não a deixasse.

Quando Kira conciliou, finalmente, um sono pesado e inquieto, Kervadeque sentou-se ao lado da janela e ficou meditativo. Tudo nele fervia de indignação. Era necessário parar com aquela perseguição ou ela enlouqueceria... Mas o que fazer?

Ele não poderia aceitar de maneira alguma que todo aquele "diabolismo" fosse efeito de causas ocultas. Era cético demais para acreditar nisso; sua crença em Deus era débil e no demônio ele não acreditava nem um pouco. Imaginar que espíritos provenientes do "mundo do além" pudessem trazer buquês, ter cartões de visita, dar gorjetas e ter gôndolas decoradas com emblemas funerais seria para ele uma idiotice total.

Depois de longas reflexões, decidiu dirigir-se às autoridades.

No dia seguinte, de manhã, enquanto Kira ainda estava dormindo, visitou o chefe da polícia, contou detalhadamente sobre as perseguições das quais ele e sua esposa haviam-se tornado vítimas e obteve a promessa de que teria à sua disposição dois agentes, hábeis e experientes.

Depois encontrou, no lado oposto de Veneza, outro alojamento, pagou a conta do hotel às escondidas e levou Kira, como se fosse para passear, para despistar o perseguidor. A bagagem, deveriam levar disfarçadamente ao outro apartamento à noite.

Os dois agentes estavam em vigília no seu posto, quando o marquês chegou. À sua pergunta, ambos responderam que não viera ninguém, nem com um buquê, nem por encargo.

— Ah! O canalha ficou com medo da polícia. Bom sinal! Temos de acreditar que ele não conseguirá nos perturbar. Se os senhores o apanharem, darei para cada um mil liras.

— Fique tranquilo, senhor. Se for possível pegá-lo, nós o apanharemos e ele não perturbará mais o senhor e sua esposa.

Muito contente, cantarolando, o marquês entrou em seu quarto.

No dormitório estava Kira, sentada diante da penteadeira, trançando os cabelos para dormir. Estava branca como papel, e o marquês notou, horrorizado, como ela mudara durante os últimos dias.

Aproximou a poltrona da penteadeira, sentou-se e puxou a esposa, estreitando-a e colocando-a no colo.

— É penoso para mim olhar para você, querida; você empalideceu e emagreceu tanto... — disse ele meigamente, beijando-a. — Faça um esforço, peça socorro ao seu bom senso e não se aflija por essa história tola. Não pode ser que o morto saia do túmulo! Um canalha qualquer, com inveja da nossa felicidade, inventou essa perseguição "infernal" e disfarçou-se do falecido.

Kira apertou a face contra o rosto do marido, enlaçou-se ao seu pescoço e respondeu com a voz trêmula de lágrimas:

– Ah, se você soubesse de tudo, talvez não estivesse tão seguro do que está dizendo!

– Que diabo! Você não poderia matar Alexei?! Sou testemunha de que ele estava totalmente saudável ainda cinco minutos antes de sua morte.

– Claro que não foi feito pelas minhas mãos... Mas, como... Isso eu não direi a você.

Ela parou e o rubor febril inundou seu rosto.

– Eu não quero saber de nada. Quem é que sabe que ideias diletantes podem chegar à sua cabeça com os nervos assim tão abalados? Apenas repito que, se fosse dado o direito a maridos falecidos de impedirem suas esposas de casarem novamente, o mundo viraria de pernas para o ar. Não, quem morreu já está morto, e que Deus o tenha; eu estou vivo e quero a felicidade que me cabe. – Dizendo isso, ele cobriu o rosto dela com beijos ardentes.

De repente Kira estremeceu, vendo que uma transformação estranha acontecia no rosto de Arman. Os olhos do marquês, um instante antes cheios de amor e fogo, enevoaram-se e ficaram fundos; seu rosto começou a empalidecer mortalmente, a alongar e emagrecer. Ao redor do seu queixo surgiu uma nuvem escura.

Em seguida, seu olhar ficou novamente vivo, mas já não eram os olhos negros de Kervadeque, e sim os olhos cinzas de Alexei Arkadievitch que olhavam para ela com uma expressão diabólica. Kira ficou estarrecida e seus cabelos arrepiaram.

O cheiro sufocante de cadáver soprou no seu rosto e deixou-a tonta; ela pensou que estivesse morrendo. Não conseguia se mexer; as mãos descarnadas do esqueleto prenderam-na fortemente e o peito quente do marido pareceu transformar-se numa pedra de gelo.

Nesse momento, o rosto desfigurado do fantasma aproximou-se do dela, exalou ar frio e ressoaram claramente as palavras:

– Você é minha e continuará sendo minha. Tome cuidado e nem tente pertencer a outro ou sugarei sua força vital e matá-la-ei da mesma forma como você tirou a minha vida.

Kira sentiu como se alguém tivesse batido em sua cabeça, perdeu os sentidos e caiu no ombro do horrível fantasma.

Depois de recuperar os sentidos, Kervadeque sentiu um esgotamento estranho. Entendeu que tinha desmaiado. Kira estava deitada em seus braços como morta. Pela primeira vez na vida, calafrios de pavor percorreram o corpo do pândego incrédulo. Algo estranho e misterioso ocorria à sua volta. Aquele algo incompreensível começou a absorvê-lo, mas o significado dos acontecimentos escapava-lhe.

Pálido e carrancudo, levou a esposa para a cama e começou a fazê-la recobrar os sentidos. Mas todos os esforços não tiveram êxito e ele mandou chamar um médico. Somente depois de algumas horas, Kira abriu, finalmente, os olhos; ela estava tão fraca e alquebrada como se tivesse passado por uma longa doença.

O marquês decidiu que teria de interromper aquela viagem infeliz e ir diretamente para Paris, onde tinha uma casa e para onde, ele, com antecedência, mandara seu criado.

Lá, na capital mais alegre e agitada de todas, nenhum fantasma vagaria tão livremente como naquele antigo palacete. Depois, se tudo finalmente se acalmasse, ele levaria sua esposa ao castelo que fora de sua família, na Bretanha. A saúde de Kira recuperar-se-ia rapidamente ao ar livre e na tranquilidade do interior.

Em vista disso, o marquês telegrafou para Paris avisando de sua ida e, além disso, escreveu uma carta para o administrador de seus bens, com ordens de preparar tudo para sua chegada com a esposa; no caso de aparecer por lá um senhor com um buquê para a marquesa, o administrador deveria pegá-lo imediatamente, levá-lo à polícia e avisá-lo imediatamente, por meio de um telegrama.

Kira não se opunha a nada. Para ela, agora isso não fazia diferença. Estava completamente deprimida com os acontecimentos.

Kervadeque estava desesperado e o estado de saúde da esposa o amargurava muito. Ela emagrecia a olhos vistos, perdera o sono, o apetite e a todo instante assustava-se e estremecia.

Ele próprio também se tornara nervoso e desconfiado. Por toda a parte parecia ver pessoas com buquês; além disso, quando ele lembrava de seu desmaio incompreensível, um estado desagradável dominava-o.

Sua consciência negava-se a acreditar em algo sobrenatural, entretanto, os fatos abalavam suas convicções céticas. De um modo geral, sua atual situação estranha era uma tortura para sua natureza íntegra e apaixonada. Kira contara-lhe, por instância própria dele, sobre as ameaças do fantasma e isso o desconcertara ainda mais.

A casa de Paris do marquês era uma construção bonita num estilo moderno; a luxuosa decoração interior correspondia à beleza da fachada.

Logo que Kira, pálida e pensativa, foi para seu quarto, onde a esperava uma camareira com um belo uniforme, o marquês mandou chamar seu administrador de bens e perguntou-lhe se tinha ocorrido alguma coisa suspeita.

– Não apareceu ninguém na casa, e nem deixariam entrar ninguém, depois de receber as ordens do senhor – respondeu o homem. – Mesmo assim – continuou ele –, de manhã aconteceu algo bastante estranho. Um senhor aproximou-se do criado Tompson, deu-lhe uma moeda de ouro de gorjeta e entregou para a marquesa um buquê de flores brancas com um cartão de visitas numa língua estrangeira. Eu não me atrevi a jogar essas coisas até que o senhor chegasse e guardei-as no pavilhão no jardim, onde estão guardadas as ferramentas do pomar. Fora isso, hoje em casa, ocorreu algo que eu não posso entender.

– Diga-me o que aconteceu! – perguntou, impacientemente, o marquês, vendo que o administrador hesitava.

– Ontem à noite, a camareira Julietta e Cláudio retardaram-se arrumando os aposentos da marquesa. Acho que eram mais de onze horas e eles estavam limpando o banheiro; de repente, eles ouviram um crocitar ao lado no quarto. Admirados, correram para lá e viram que uma ave preta, parecida com um corvo, saiu voando pela janela e por três vezes crocitou como se fosse com voz humana: "Há-há-há!". Eles ficaram muito assustados.

— Possivelmente a janela estava aberta e a ave, atraída pela luz, entrou no quarto. Não vejo nada de medonho nisso. O que tem de assustador um corvo crocitar? Se ele cantasse como um rouxinol, isso seria de admirar. Julietta e Cláudio são uns tolos em sua credulidade! O senhor, sim, senhor Vernhie, é que me surpreende deixando-se impressionar com tal coisa — disse o marquês, visivelmente irritado.

— Mas, senhor marquês, as janelas do dormitório dão para o pátio e não há árvores por perto. Por outro lado, ninguém ainda tinha visto à noite corvos no jardim. Quanto ao Cláudio, ele não é medroso e jura ter ouvido voz humana... — justificava-se o administrador de bens.

— Chega! É o bastante! Que seja como quiser! O corvo maravilhoso voou e é impossível identificá-lo. Por enquanto, vamos ao pavilhão do jardim. Quero ver o buquê e o cartão. A propósito, mande chamar esse criado também.

Quando abriram a porta do pavilhão, eles sentiram um cheiro sufocante de cadáver envolvendo-os. O buquê, como de costume, era de lírios e camélias brancas e o cartão tinha o sobrenome Bassarguin.

Kervadeque lançou o cartão ao chão e mandou queimá-lo junto com o buquê.

O criado, um inglês comprido, seco e ruivo, repetiu tudo o que já tinha contado o administrador de bens.

— Esse senhor estava bem-vestido, mas deve estar doente, pois tinha as faces terrosas. Ele me deu dez francos — acrescentou o criado.

O marquês quis ver a moeda e o criado pôs a mão no porta-níquel. Mas logo que ele olhou para a moeda de ouro, escapou-lhe uma obscenidade.

— Canalha! É falsa!

Kervadeque também a examinou. De um lado, como deveria, havia a efígie da República, mas do outro lado fora gravada a cabeça de Adam. A linha escura do contorno parecia feita com um instrumento em brasa.

O marquês ficou pálido, em seguida, tirou do bolso dez francos e silenciosamente trocou-os pela moeda enigmática.

Após dar ordens para que não contassem a ninguém sobre o acontecido, principalmente à marquesa, ele voltou para casa.

Apesar de seu ceticismo inato, ele sentiu que o pavor começava a dominá-lo.

O dia passou tranquilamente. Depois do almoço, Kervadeque propôs à sua esposa visitarem uma tia dele, a irmã de seu pai, a senhora Navilh.

A velhinha amava muito seu sobrinho e, já havia tempo, desejava que ele se casasse. Por isso, alegrou-se com a notícia do casamento, sinceramente felicitou-o e expressou o desejo de conhecer sua esposa quando estivesse em Paris.

A senhora Navilh morava no caminho para Versal numa linda casa, cercada de um pomar enorme.

O carro do marquês parou na frente de uma grade com um desenho e o jovem casal foi a pé pela alameda com acácias, castanheiras e roseiras, plantadas ao redor.

De repente, uma grande ave preta saltou de uma moita, correu na frente deles pelo caminho, batendo as asas, depois levantou voo para uma árvore, soltando um lúgubre "há-há-há!".

Aquele grito parecia incrivelmente uma voz humana.

O marquês ficou pálido; Kira, com o corpo todo tremendo, agarrou-se ao braço do marido.

– É ele... – sussurrou surdamente ela. – Será que você não reconheceu o seu riso?

A gargalhada assustadora de escárnio ouviu-se novamente. Kira pôs-se a correr para casa e não se acalmou até que a porta de entrada se fechasse atrás dela.

Ela foi obrigada a fazer esforços enormes para não demonstrar sua agitação diante da tia do marido.

A boa acolhida da senhora Navilh teve efeito calmante sobre ela. Mesmo assim, a velhinha notou a aparência desolada e o estado ansioso de Kira, mas atribuiu isso a uma indisposição e não se surpreendeu que os hóspedes passassem tão pouco tempo em sua casa.

– Você precisa levar sua esposa o mais rápido possível para Kervadeque – disse ela ao sobrinho, ao se despedir. – Ela está muito pálida, o ar livre e vivificante do mar rapidamente devolverá a ela o rubor saudável da pele.

– A senhora está totalmente certa, tia Ivone. Procurarei partir para lá o mais rápido possível – respondeu o marquês, beijando a mão da tia.

Ao voltar para casa, Kira queixou-se de dor de cabeça e de palpitações no coração. Ela respirava com dificuldades e suas mãos estavam frias.

O aspecto geral da esposa preocupou tanto o marquês que ele a obrigou a tomar gotas de calmante e ele próprio sentou-se à sua cabeceira.

Kira em breve dormiu um sono agitado. Ela gemia surdamente, virava-se e revirava-se inquietamente e, de vez em quando, parecia empurrar algo do seu peito.

"Deve ser um pesadelo que a está atormentando", pensava o marquês, olhando para sua esposa com tristeza. "Não, isso não pode continuar mais. Essa situação ridícula e revoltante tem de acabar!" Ele, inquieto, começou a andar pelo quarto.

Amanhã ele consultaria os médicos... Será que isso o levaria a algo?

O inimigo, que o perseguia e à sua esposa infeliz, estava sempre escapando...

Ele sempre rira de fantasmas e vampiros; nunca acreditara no mundo do além e nos seres "fantásticos" que o povoavam. Ele sempre considerara que espíritas e ocultistas eram tolos e charlatães que procuravam a chave dos mistérios.

Certa vez, ao ler um romance que descrevia como um fantasma sugava as forças vitais de um homem vivo, chegara a chorar de tanto rir. Agora, ele mesmo se relacionava com algo enigmático e sombrio...

"Quem é esse que, sob o nome de Bassarguin, segue no nosso encalço, trazendo consigo um cheiro de cadáver? Quem é que dá gorjetas de ouro e que não se deixa apanhar e, de maneira inevitável, levantava-se entre mim e minha adorável esposa?", pensava Kervadeque.

O marquês era corajoso. Se ele fosse atacado por uma dezena de bandidos no meio da floresta espessa ou numa estrada, travaria combate com eles sem hesitar. Entretanto, contra um inimigo invisível, se realmente era do mundo do além, ele se sentia desarmado. Ele lembrou o corvo, a gargalhada diabólica da ave e sentiu calafrios...

Mesmo assim, seu ceticismo enraizado não cedia. Com raiva, tentava convencer-se de que ele próprio estava com os nervos abalados por causa de todos aqueles acontecimentos.

Os médicos consultados não acharam sintomas de uma enfermidade grave, mas notaram uma forte perturbação nervosa, prescrevendo ar livre, divertimentos moderados e mais movimentação.

Por isso, o marquês decidiu, depois de três dias, levar sua esposa para o castelo Kervadeque. Indiferente e cansada, Kira concordava com tudo.

À noite, com a mesma apatia, ela foi ao teatro, em que seu marido a levou para distraí-la um pouco.

Apresentava-se uma comédia muito alegre. A segunda parte acabou e o marquês estava olhando com um binóculo para a sala. De repente, ele estremeceu, empalideceu e sua mão caiu.

Num camarote não ocupado, diretamente na frente deles, numa poltrona de meio, um esqueleto estava sentado. Somente sua cabeça parecia-se com a de um homem vivo. Os olhos fosfóricos e ardentes dirigiram-se a Kervadeque e à sua esposa.

Mas quando o marquês afastou o binóculo, o camarote verificou-se vazio. "Uma alucinação visual", pensou ele. Para constatar, novamente orientou o binóculo para o camarote suspeito: o fantasma repugnante apareceu outra vez. O rosto meio decomposto, sem dúvida, era o de Bassarguin.

Um suor frio cobriu o marquês e ele fechou os olhos por um instante, apavorado, mas o grito surdo da esposa logo o fez voltar a si. Kira, sem sentidos, estava deitada na poltrona e seu binóculo caíra no chão ruidosamente. Então, ela também vira.

Com dificuldade, ele a fez voltar a si e imediatamente a levou para casa. Enquanto a criada tirava-lhe a roupa e a colocava na cama, o marquês desceu para o jardim. Precisava de ar livre e recolhimento para se concentrar. Dessa vez seu ceticismo sofrera uma derrota dura, mas sua inteligência mesmo assim não conseguia conceber o que estava acontecendo.

Depois de passear por cerca de uma hora, ele voltou para casa e estava indo pelo corredor, passando pelos quartos da criada e do lacaio. Ele escutou uma conversa e as palavras de Julietta atraíram sua atenção.

– Eu estou dizendo que aqui acontece algo suspeito, uma coisa diabólica ou bruxaria. Mas o quê, eu não sei.

– Que diabo! O que pode acontecer? É coisa dos demônios – há-há-há!– No centro de Paris! Isso é divertido!

– E o corvo? Você esqueceu? Ah! Agora apareceu esse gato com olhos verdes, brilhantes como carvão, que está perseguindo a nossa jovem senhora. Meu Deus! Eu já por três vezes tinha visto esse gato diabólico e não consigo entender onde se esconde essa besta asquerosa. Duas vezes ele estava sentado na poltrona ao lado da cama e olhava a marquesa adormecida. Ontem à noite, ao ouvir a senhora gemer dormindo, eu entrei e vi o gato enrodilhado no peito dela. Ele foi embora no mesmo instante, mas para onde? Todas as portas estavam fechadas. Procurei e não o achei.

O marquês estremeceu e seguiu adiante. Entretanto, ao abrir a porta do dormitório, ele ouviu o gemido fraco de Kira e pareceu-lhe que algo preto pulou da cama para o chão e sumiu no escuro.

Capítulo 6

O castelo Kervadeque fora construído no século XVI e parcialmente reconstruído na época de Luís XIV. Não longe, numa colina, havia as ruínas do castelo antigo, do qual sobrara somente uma torre, ameaçando cair a cada momento.

Algumas horas antes de os donos chegarem, vieram ao seu encontro a criada e o camareiro e imediatamente lhes deram a notícia de que fora enviado um buquê de lírios e camélias brancas à marquesa.

– Provavelmente, vocês encontraram esse senhor no caminho; ele foi embora para a estação de trem – disse o mordomo.
– Ele montava um cavalo maravilhoso, mas seu rosto era horrível, parecia com o de um cadáver. Suas flores também cheiravam mal, é possível que ele as tenha salpicado com algum perfume moderno – explicou Jaclina, a governanta.

– Parece que o próprio diabo se apaixonou pela nossa marquesa! Ele faz tais coisas que os cabelos se põem em pé!
– disse Cláudio.

A criadagem ficou apavorada, ouvindo sobre os acontecimentos estranhos e misteriosos de Paris. Somente Píer, o filho da governanta, que trabalhava como jardineiro no castelo, não ficou assustado. Ele era um homem jovem e de constituição robusta. Corajosamente, Píer declarou que gostaria de se encontrar com o demônio e dar-lhe um tiro na barriga por ter perseguido perfidamente a mulher.

– Isso se ele não for simplesmente um velhaco... No entanto, vocês, sendo tolos, acreditam em contos de fadas – acrescentou ele.

– Quem é bobo é você! – gritou raivosa Jaclina. – Ainda hoje à noite havia vários maus sinais. O pastor Gilio escutou um barulho sinistro nas ruínas. Nós já sabemos o que significa isso! Madalena, quando caminhava pela aldeia à noite, ouvia numa sepultura velha gemidos e pranto.

As pessoas ficaram deprimidas com o que tinham ouvido e se foram mal-humoradas. Quando a carruagem com o jovem casal entrou numa sombria alameda de carvalhos seculares, que levava ao castelo, a ansiedade e o medo vago dominaram Kervadeque. Ele até achou que uma rajada fria batera no seu rosto.

Nesse instante, Kira agarrou o marido pelo braço.

– Olhe lá! É ele... – cochichou ela surdamente.

Como se obedecendo a uma influência mágica, o marquês levantou a cabeça e percebeu no meio da folhagem espessa uma bola cinza, da qual olhavam para eles dois olhos brilhantes que, em seguida, se apagaram.

– Isso é uma alucinação – tentou brincar o marquês.

Mas sua voz soava falsa. Sua mulher abaixou a cabeça e ele se calou.

O informe do criado sobre o surgimento de um ginete desconhecido com o buquê malfadado estragou totalmente o humor do marquês. No espírito revoltado e incrédulo do pândego ocorria verdadeira reviravolta.

Materialista extremo, que não reconhecia Deus, nem admitia a existência da alma, ele não pensava em nada a não ser em gozar a vida. Deve-se deleitar o mais plenamente possível, até que "o não-ser" o absorva, era sua regra de vida. E, de repente, ele se chocava com o mundo do além, com seus mistérios sombrios, com aquele sinistro universo povoado de seres que, dizem, não são "vivos".

Aqueles seres estavam dominados pelo ódio, pelo ciúme e pela sede de vingança. Aqueles seres não podiam ser apanhados, e, em forma de ameaças, impediam-no de chegar ao caminho da felicidade legítima... Todas as convicções e crenças "cômodas", construídas por ele, desmanchavam-se. Ele perdia a cabeça e agitava-se de um lado para outro como um navio que tivesse perdido o leme e os cordames...

Encontrou Kira em sua saleta. Trocara o traje de viagem por um escuro roupão de seda, que ainda mais fortemente destacava sua palidez mortal. Jamais ele a vira tão desolada e dominada pela intensa agitação.

Ao ver seu marido, suas faces descoradas ruborizaram-se um pouco com uma coloração febril e ela lhe mostrou com um gesto o lugar ao seu lado no sofá. Começou a falar, mas seus lábios trêmulos não lhe obedeciam. Finalmente, ela superou a emoção e disse com voz que mal se ouvia:

— Em vista do ódio implacável com que Alexei me persegue, considero que sou obrigada a fazer a minha confissão, humilhante para mim, mas...

— Mas o que quer, afinal, a sua alma maldita? — expressou com raiva o marquês.

— Vingar-se. É direito dele. Não fui prudente. Foi insensato o que fiz. Acabei trazendo a desgraça para mim mesma e agora o feitiço infernal exige o pagamento.

Ela narrou sua visita a Maleinen, a cena assustadora que então tinha acontecido na casa da bruxa e as consequências infelizes que tinham caído sobre Nastia e ela.

Entretanto, ela nada contou sobre sua segunda visita ao cemitério Volcov.

— É evidente que eu nem pensava em uma coisa semelhante, nem acreditava em feitiços, mas a velha me pegou de surpresa. Mesmo assim, o tratado com o diabo é inviolável e sinto que fui amaldiçoada... Mas só o saber que posso atrair a vingança infernal sobre você, submetê-lo ao perigo mortal, está me torturando dia e noite...

As lágrimas sufocaram-na e ela se calou.

— Não sou repulsiva para você, meu amor? Diga: será que você não tem medo de mim, amaldiçoada, ligada ao diabo? Mas se eu perecer, quero que você se salve, porque amo você mais que a minha vida. Eu... lhe devolvo a liberdade e imploro que comece o divórcio. Por enquanto não sou sua mulher e jamais poderei ser – o inferno nos separa. Voltarei para a Rússia e entrarei para um mosteiro. Talvez a Igreja me defenda da perseguição terrível de Alexei e os meus sofrimentos, depois da perda da pessoa amada, o satisfaçam.

O marquês estava pálido e escutava, confuso. Sua inteligência não poderia admitir algo semelhante; entretanto, a realidade confirmava as palavras da esposa. Mas ele amava Kira com toda a sinceridade e o desespero daquela mulher despertou nele profunda compaixão – um sentimento muito mais puro e profundo que aquela sensualidade que antigamente ela lhe inspirava.

Ele estreitou sua esposa nos braços e beijou seus lábios trêmulos.

— Não chore, querida! Eu não tenho medo de você! Jamais – você está me escutando? – jamais a deixarei! Não quero reprová-la por causa da infantilidade e da credulidade que a levaram à bruxa. Não sei que forças malditas fizeram funcionar essa bruxa *tchukonets*, mas, em todo caso, estou pronto para disputar você com o próprio diabo, porque o meu amor não recuará perante nenhuma batalha e, estou convencido, sairá vencedor...

Um riso de escárnio, que parecia sair da lareira, o interrompeu.

Kira, que naquele momento abraçava e agradecia ao seu esposo pelo seu amor, começou a tremer e escapou-lhe dos braços.

Enfurecido, o marquês levantou-se de um salto e cerrou os punhos com raiva.

— Maldito fantasma! Vamos, saia, fale o que você quer, mas não assalte de tocaia, canalha, que tortura a mulher que pecou por causa de sua inexperiência. Saia, eu digo, seu miserável infame, ou vá embora para sua cova; se não, eu vou forçá-lo a fazer isso e chamarei, para me ajudar, a força da Igreja. Vamos ver quem vencerá: o casco do diabo ou a Cruz vivificante do Senhor.

Depois dessas palavras, tão inesperadas na boca de um ateu, ouviram-se uma crepitação sinistra e um murmúrio estranho, como se uma massa pesada se arrastasse pela chaminé da lareira.

Lá fora, uma rajada forte sacudiu as seculares árvores do pomar. Naquele momento, Kira apertou sua cabeça com as mãos, soltou um grito e caiu sem sentidos.

O marquês apressou-se em fechar a janela, pois, pelo visto, se aproximava a tempestade; depois, levou a esposa ao quarto, e chamou Julieta.

A criada chegou junto com a governanta e ambas ajudaram a fazer Kira, que estava deitada sem qualquer movimento, recobrar os sentidos.

Enquanto isso, lá fora, a tempestade aumentava o tempo todo; o céu rapidamente se cobria de nuvens escuras, cortadas por relâmpagos brilhantes a cada minuto; o vento apitava e uivava furiosamente, enquanto no quarto continuava a ressoar a crepitação sinistra.

A velha Jaclina empalideceu e pôs-se a escutar aqueles ruídos com tremor. De repente, ela agilmente saiu do quarto e, em seguida, voltou trazendo um antigo crucifixo de prata e um medalhão de cristal que continha a hóstia sagrada. Depois de se benzer, ela os colocou no peito de Kira.

Nesse instante, um trovão estrondoso como um tiro de canhão sacudiu as paredes do castelo; os vidros das janelas quebraram-se em mil pedaços e um raio esferoidal entrou no quarto, fez algumas voltas sobre a cabeça de Kira, depois se pôs a flutuar na lareira, onde desapareceu.

Depois de dez minutos, a tempestade passou, as nuvens se dissiparam e o sol brilhante começou a reluzir no céu azul.

E se não fossem os vidros quebrados e um carvalho secular extraído pela raiz e deitado ao lado da janela, poder-se-ia pôr em dúvida que o tempo maravilhoso fora perturbado.

O novo acontecimento provocou mexericos incessantes no quarto dos criados; não se falava noutra coisa a não ser no diabo, que se prendia à jovem senhora. Mas em relação às causas de tal desgraça, as opiniões se dividiam: uns viam nisso o castigo pelo ateísmo evidente do marquês; outros consideravam-na consequência de um pecado oculto cometido por Kira; terceiros atribuíam ao fato de ela ser uma herege e ter um nome bárbaro, sem uma santa protetora.

Jaclina defendia sua senhora, justificando que ela, mesmo sendo herege, era bondosa e carinhosa e que sentia muita pena dela e iria aconselhá-la a dirigir-se a Lebreth para expulsar o demônio.

Após se decidir por dar esse passo, na mesma noite a governanta foi falar com o marquês, que estava no seu escritório, e exprimiu sua opinião.

– Agradeço muito, bondosa Jaclina; seguirei o seu conselho sem falta. Quem é essa mulher? – perguntou Kervadeque, contendo-se para não rir só em imaginar-se pedindo conselho a uma bruxa da aldeia.

– Noemi Lebreth, ou tia Lebreth, assim a chamam aqui, é viúva do velho pastor; ela é muito velha, mas possui grande poder. Ela cura completamente as pessoas de doenças, apaga incêndios, purifica casas intranquilas e invoca os mortos sepultados no antigo cemitério druida. Mas azar de quem a ofender ou a provocar! Tal pessoa terá toda a sua vida "estragada". A meu ver, somente ela pode ajudá-los.

O marquês já antes decidira dirigir-se a ocultistas para que eles pudessem livrar a ele e a Kira do fantasma que os perseguia; melhor ainda se a bruxa de Breton o auxiliasse nisso.

A tia Lebreth morava numa comunidade vizinha e, como Kervadeque tinha um sítio nas proximidades do povoado, que lhe servia de abrigo durante a caça, resolveu, então, passar lá alguns dias.

Kira gostou muito da casa. Depois da tempestade, ela sofria de uma dor surda de cabeça, como se tivesse levado um forte golpe na cabeça; agora, ela achava que ao ar livre se sentiria melhor que atrás das paredes maciças do velho castelo.

A mudança foi marcada para o dia seguinte. O casal decidiu passar lá uma semana; enquanto isso o marquês visitaria tia Lebreth e caçaria um pouco.

Logo que a notícia chegou ao quarto dos criados, Píer declarou que imediatamente partiria para o sítio.

– Estou morrendo de curiosidade de ver um demônio de perto. Se amanhã ele resolver aparecer com o seu buquê deteriorado de flores, meterei uma bala nele – disse ele, rindo muito.

– Não faça isso, Píer. Você também é daqueles que não acreditam em nada; entretanto, está claro que aqui está envolvido o diabo – disse Jaclina, sobressaltada.

– Vamos ver – respondeu corajosamente o bretão. – Em todo caso, não perderia a ocasião de ver o verdadeiro demônio, que surge diretamente do inferno; e, se conseguir expulsá-lo, pode ser que ele deixe como lembrança seus chifres, cascos e rabo.

A coragem de Píer tinha também outra intenção, além de uma simples curiosidade. Ele estava apaixonado pela bonita filha do granjeiro, Nanon, e contava, com razão, que se conseguisse livrar os senhores do demônio, que ele suspeitava ser simplesmente um miserável, o marquês lhe daria o dinheiro para se casar e instalar-se.

Conversando com Nanon, ele revelou seus planos; os apaixonados resolveram ficar de plantão desde o nascer do sol ao lado da casa, de onde podiam ver todo o caminho ao longe, de tal forma que não poderia passar ninguém que não fosse notado.

Eram cerca das sete da manhã, quando Nanon, que limpava ervilhas, achou que no caminho, ao longe, aparecia um ginete de cavalo murzelo.

– Não se esqueça do conselho, Nanon. Se ele for aquele canalha que engana os nossos senhores, e se ele tentar passar-lhe o buquê de lírios e camélias brancos, grite: "Vade retro, Satanás!" e corra rapidamente para dentro. Eu ficarei aqui escondido, atrás da porta e, quando você gritar, pularei para fora e o alvejarei com o revólver.

Mal o jovem se escondeu atrás da porta, da moita vizinha surgiu um senhor com o buquê de flores brancas nas mãos. Assim que viu o rosto descorado e os olhos brilhantes do desconhecido, um medo irracional dominou a moça.

– Vade retro, Satanás! – gritou ela assustada e, derrubando o prato com ervilha, pôs-se a correr.

Píer pulou para fora num instante e atirou no homem que, dando um grito, saltou para um lado.

– Será que vocês todos ficaram cegos ou enlouqueceram?! Você quase me matou! A bala passou a um dedo da minha cabeça, e essa não-me-toques, Nanon, correu como do diabo – gritava o camponês grande com roupa típica da Bretanha, acompanhando sua gritaria com palavrões.

Pálido, Píer ficou aturdido, ao ver à sua frente um trabalhador do sítio; no banco, ao lado da tigela virada, ele viu o buquê maldito.

– Desculpe-me, Ivan, eu não queria matar você, mas aquele demônio infame, que persegue a nossa jovem senhora...

Ele contou brevemente do que se tratava e, apontando o buquê, acrescentou:

– Olhe, aí está o buquê das flores infernais! Desviou a minha atenção para me levar ao homicídio.

Ivan, supersticioso como um verdadeiro bretão, sentou-se no banco, pois estava caindo de medo. Com repugnância, atirou o buquê sobre a terra.

– É evidente que ele saiu do inferno: ele fede carniça. Seria bom queimá-lo no zimbo e depois aspergir água-benta.

Capítulo 7

O tiro atraiu a atenção do granjeiro e de sua esposa. Nanon chamou vários trabalhadores e trabalhadoras.

A cremação foi decidida unanimemente.

A mulher do granjeiro trouxe um braseiro, incenso e um vidro com água benta de Lurdes. Píer pegou o buquê com um alicate e colocou-o nas brasas, cobrindo-o com incenso.

– Se ele não provém do diabo, a água benta e o incenso não o perturbarão.

Mas que surpresa foi para todos, quando o buquê se levantou e começou a girar sobre o braseiro.

Todos se afastaram apavorados; somente Píer mantinha-se corajoso: leu em voz alta a prece para Nossa Senhora e regou as flores com água benta.

O buquê no mesmo instante caiu no chão, envolveu-se de vapor negro e depois explodiu com o barulho de um tiro de pistola e desapareceu em fumaça, sem deixar vestígios.

Todos se benzeram, olhando confusos para o braseiro; o mau cheiro que se sentia no ar provava que tudo aquilo realmente acontecera.

Depois de algumas horas, chegaram o marquês e a marquesa.

Kira nada soube da ocorrência; mas o marquês foi informado detalhadamente sobre os fatos pela esposa do granjeiro, ouvindo tudo silenciosamente, enquanto torcia o bigode. Ele já não se surpreendia com mais nada.

Os primeiros dias passados na granja foram tranquilos.

Se não levasse em conta uma dor de cabeça, Kira não se sentia tão mal; e como nada lhe lembrasse seu terrível perseguidor, ela até se acalmou um pouco.

O marquês também, por sua vez, novamente começou a contar com que o espírito vingador, finalmente, os deixaria em paz.

Uma caçada e um passeio ao ar livre devolveram parcialmente o seu humor habitual, e, certa noite, ele sugeriu à esposa fazer um passeio.

– Isso a distrairá, minha pobre amiga; o lugar que vou lhe mostrar parece-se até certo ponto com a nossa aventura diabólica. Na época, o demônio cometeu lá também muitas patifarias...

– Ah, não! Eu não quero ver nada que, de um jeito ou de outro, me lembre do demônio – respondeu Kira, pálida e com voz trêmula.

– Pois essa é uma história velha, minha querida. Ela tem mais de 400 anos e aconteceu no século XV; por isso, evidentemente, o diabo não visita mais as ruínas do castelo Tiffoge. Não obstante o castelo, mesmo assim, é extremamente interessante como o lugar onde morava um grande criminoso, uma das pessoas mais destacadas de sua época. Foi comandante, cientista, artista e, ao mesmo tempo, o assassino mais cruel que o mundo já viu.

– Tiffoge?! O castelo do tempestuoso marechal Jilh d'Retz.[1] É verdade, eu gostaria de vê-lo – animou-se Kira.

– Então está decidido. Amanhã, ao amanhecer, nós partiremos de carro; por volta das três horas, estaremos no lugar e visitaremos as ruínas. No caso de nos retardarmos, passaremos a noite em um hotel e depois voltaremos.

---

[1] Jilh d'Laval, barão d'Retz (1404-1440), era um marechal francês. Destacou-se durante a guerra contra os ingleses e lutou nos arredores de Orléans junto com Joana d'Arc. Foi queimado por ser acusado de matar muitas crianças em consequência de supostas bruxarias e de vícios pervertidos.

Após decidir-se a viajar, Kira começou a organizar os preparativos, colocando na cesta víveres e vinho. Nessa noite eles foram dormir mais cedo e na manhã seguinte partiram.

No caminho, o marquês falava sobre a vida do marechal, cujos detalhes Kira pouco conhecia. Kervadeque sempre se interessara muito pela personalidade dessa pessoa estranha que no começo fora companheiro de Joana d'Arc, combatente devoto e corajoso, e que terminara sua vida na fogueira, acusado de ter parte com o diabo e da matança de milhares de crianças.

— Eu sempre fui atraído pelo desejo de desvendar o mistério desse grande espírito — acrescentou o marquês. — De saber quais foram as circunstâncias, até hoje não esclarecidas, que induziram esse homem, jovem e bonito, um dos mais ricos barões franceses, marechal da França aos 26 anos, a isolar-se no castelo de Tiffoge, a tornar-se alquimista, homicida e a arruinar-se com loucas orgias sem precedentes. Não é menos curioso o fato de que a personalidade de Jilh d'Retz, sob apelido de "Barba-Azul", esteja viva na memória do povo, e de que até agora ninguém passe pelo muro do castelo sem se benzer. À noite conta-se sua história e até asseguram que se ouvem gemidos e choros nas ruínas.

— Tem certeza de que seus pecados e crimes não foram exagerados? As lendas frequentemente distorcem, exagerando os acontecimentos da vida dos seus protagonistas — notou Kira.

— Ah, não, infelizmente. As atas do processo citam muitos nomes de crianças roubadas e sufocadas. Eu próprio, muitos anos atrás, estava presente durante escavações no castelo, junto com um conhecido professor catedrático, e achamos, num dos porões, um monte de crânios e de ossos, vestígios convincentes dos crimes de Jilh d'Retz e do seu cúmplice Francisco Prelati. Devo lhe dizer que, interessando-me por essa história, li escrupulosamente as anotações do meu amigo professor sobre o processo do marechal, o qual ele estudava pelos documentos autênticos. Lá eu dei com um fato que naquela época tinha considerado uma mistificação, apesar das declarações fidedignas; e agora, depois de tudo o que nós próprios experimentamos, essa história surge com outro sentido. Refiro-me às duas invocações do diabo: uma foi feita pelo bruxo, cujo nome permaneceu desconhecido, e outra, pelo próprio Prelati. Nos dois casos, os invocadores do demônio, que se trancaram bem num quarto, foram feridos, espancados e por pouco não foram mortos pelo demônio invocado. Durante vários meses eles estiveram à beira da morte e o próprio Jilh d'Retz cuidava deles e os tratava. Esse fato histórico descarta a alucinação: as feridas e equimoses são provas evidentes. Entretanto, tal incredulidade e tal dúvida são metidas em nossas cabeças e eu não acreditaria e riria, se eu próprio não tivesse os dados incontestáveis sobre a intervenção do mundo do além nos destinos das pessoas. Mas você, Kira, não desanime nem se desespere. Estou firmemente convencido de que, contra qualquer mal, existe um meio próprio de salvação. Com a ajuda de Deus, nós triunfaremos sobre o inferno...

O aparecimento de um carro elegante em um pobre povoado, situado ao pé do antigo castelo, causou certa agitação. O dono de uma pequena taberna rural acolheu os hóspedes respeitosamente, concedeu-lhes o melhor dos seus quartos e, ao saber que eles desejavam visitar as ruínas, mandou imediatamente avisar o hortelão, que geralmente também servia de guia e que morava numa casinha do "antigo pátio honorário" do castelo.

Depois de tomarem o café da manhã, Kervadeque e sua esposa foram visitar as ruínas, enquanto o dono do hotel avisava que eles não seriam os únicos lá, dado que um grupo de dez pessoas chegara de Nantes com a mesma finalidade.

O lugar era pouco pitoresco, mas a fortaleza antiga, mesmo desmoronada, guardava ainda sua aparência imponente. Os arquitetos medievais haviam construído para séculos; o castelo estava quase intacto e até o muro da fortaleza se conservava, porém as torres laterais estavam desabando.

Com interesse e uma certa tristeza, Kira olhava para as torres maciças e os fossos daquela enorme construção feudal, cujo pátio continha a horta inteira.

A casinha do hortelão, os canteiros compridos de repolho e de outras culturas pareciam escárnio, tanto o castelo do grão--senhor preservava, mesmo em decadência, sua grandeza passada.

Ao lado da ala esquerda do edifício principal, eles deram com a turma de turistas da qual o dono do hotel lhes tinha falado. Eram estudantes e seus professores – alguns catedráticos, outros pintores –, pesquisando para escrever estudos. Um dos artistas, que conhecia o marquês, de Paris, apresentou-lhe seus companheiros de viagem e decidiram fazer a visita juntos. Eles andavam um atrás do outro constantemente, parando às vezes nas enormes salas ogivais e nos corredores ora estreitos, ora largos.

Tudo estava devastado. As nuas paredes de granito causavam uma impressão indescritivelmente triste; todavia, Kira estava encantada.

Mas ela preferia estar caminhando sozinha com o marido, sonhando com o passado sombrio sobre o qual Kervadeque havia-lhe contado; as vozes altas, o riso e as brincadeiras dos estudantes a respeito de Jilh d'Retz e de sua ligação com o diabo, que não o salvara da execução, irritavam-na. Então, involuntariamente, ela ficou para trás.

O corredor, em cujo fundo havia uma porta arqueada, a atraía irresistivelmente.

Passou-lhe pela cabeça que seria possível descobrir um esconderijo, onde acharia uma lembrança palpável do terrível proprietário do castelo de Tiffoge.

Sem medo, passou pelo corredor e viu-se numa sala espaçosa com uma janela gótica; mas a hera, que cobria as paredes de fora, fechara a janela, como cortina, e havia uma penumbra enverdecida no quarto.

Sobre uma grande lareira de pedra, estava talhado o escudo com o brasão do marechal e dentro dela havia vestígios de fogo, ali aceso antigamente. Uma pequena porta, que possivelmente outrora estivera escondida com alguma coisa, levava a uma despensa escura. Uma escada, feita na espessura da parede, conduzia a algum lugar no fundo.

Kira inclinou-se e olhou para dentro com curiosidade; mas, nesse momento, uma rajada de ar frio bateu-lhe no rosto e ela sentiu um aperto angustiante no coração. Num primeiro momento, ela pensou que a escada levaria a um esconderijo qualquer, onde, possivelmente, ela poderia achar algo que tivesse pertencido à malvada personagem que lhe excitava a curiosidade e também o medo incompreensível. Entretanto, quando o vento gelado e fétido a atingiu, o medo vago foi substituído pelo pavor que a paralisou. E quando ela claramente ouviu o ruído de passos próximos vindo da escada, ficou petrificada e seu coração parou no peito.

Nos degraus de pedra, ouvia-se o andar retumbante de pés, como se estivessem calçados com sapatos de ferro. Em seguida, uma sombra negra apareceu a dois passos dela e o rosto mortalmente pálido de Bassarguin desenhou-se sob o capuz que cobria a testa, o qual olhava para ela com um sorriso diabólico.

Kira sentiu tontura e começou a parecer-lhe que caía num abismo sombrio. Mas ela procurou dominar-se com um enorme esforço de vontade; pôs-se a correr e, tropeçando, entrou correndo na sala vizinha.

O que ela sentiu naquele momento não corresponde a qualquer descrição. Parecia-lhe que as mãos estavam amarradas, a boca tampada com alguma coisa para não a deixar gritar e que alguém a arrastava contra sua vontade.

Quando ela entrou correndo na sala, encontrou-se num quarto que não era aquele que tinha visto pouco antes com as paredes nuas e enegrecidas pelo tempo.

Agora ela estava numa sala luxuosa com o chão lajeado de branco e preto e as paredes cobertas de carvalho. Um bufê enorme, com entalhadura fina como renda e figuras pintadas e douradas, estava cheio de cara baixela de prata e cristal.

Ao lado da janela, na altura de um grau, havia uma poltrona sob baldaquino e com encosto alto, que antigamente chamavam "cátedra". Ao longo da parede havia arcas compridas de madeira com almofadas bordadas, jogadas por cima.

No meio da sala, ao lado da mesa, em cima da qual havia um canjirão e taças, estavam sentados três homens; dois estavam nas cadeiras dobráveis e o terceiro, numa poltrona que tinha um brasão bordado no encosto.

Por mais surpreendente que fosse aquela troca de decoração, ela não impressionava Kira nem um pouco. Toda sua atenção concentrava-se no senhor sentado na poltrona.

Ele era um homem ainda jovem, alto e de constituição robusta, com um rosto bonito e inteligente, coberto por uma barba negro-azulada; seus grandes e desapiedados olhos negros lançaram um olhar severo e desdenhoso para ela.

Ele trajava pantalonas escuras e paletó verde de brocado e bordado de prata, apertado com um cinto ricamente ornado e com um punhal pendurado; a parte de baixo do paletó, em forma de saia curta, fora preguada e guarnecida de pele.

O segundo dos homens sentados à mesa era um jovem de tipo italiano, vestido com um roupão comprido e largo; o terceiro também tinha a aparência de um grão-senhor, mas muito carrancudo.

Mas depois, a atenção de Kira foi atraída por aquele homem que subira a escada e nesse instante aproximava-se da mesa. Era Bassarguin, mas, ao mesmo tempo, era como se não fosse ele. Quando o homem tirou a capa preta com capuz e lançou-a ao chão, ela viu nele o colete de pele de veado e suas pernas cobertas com uma cota fina.

Sob a capa ele trouxera um menino, de cerca de cinco ou seis anos, rosado, loiro e lindo como um querubim; tinha a boca amordaçada com um lenço e parecia estar desmaiado.

– Olhe, Jilh, que caça excelente eu lhe trouxe – disse o recém-chegado, jogando a criança ao colo daquele que estava sentado na poltrona.

– E esta – e apontou para Kira – é a mãe desse pimpolho. Ela também pode ser útil para algo.

– Está bom. Obrigado, Roge. Se não fosse você, hoje ficaríamos sem nada – respondeu ele.

Depois de encher a taça com vinho, ele ofereceu-a ao recém-chegado, que a esvaziou de uma só vez.

Depois, levantou-se e disse:

– Vamos, amigos, iniciaremos logo o negócio. Você, Francisco, leve a criança, mas antes de tudo, faça-a recobrar os sentidos; você, Cile, vá, acenda as lâmpadas e prepare tudo; você, primo Briquilh, leve a dama para fora. Ela nos servirá quando acabarmos com o menino.

Aquele que fora chamado de Briquilh agarrou Kira e pôs-se a puxá-la.

Sem dúvida, era Bassarguin que puxava Kira. Seu rosto mortal inclinou-se sobre ela, a expiração fétida sufocava-a, os dedos ossudos enfiavam-se no corpo dela como garras de ferro e a voz bem conhecida sussurrava maldosamente:

– Finalmente, você está em minhas mãos, assassina. Aqui, onde pereceram tantos infelizes, onde ainda tudo se sacode de gritos agonizantes, onde as paredes estão impregnadas de sangue e os horrores da orgia infernal revivem, aqui mesmo eu a torturarei até a morte, para que ela finalmente rompa os laços que nos unem. Então, você também irá comigo sofrer torturas no inferno.

Kira rechaçava-o desesperadamente.

Naquele momento ela sofria indescritivelmente uma incrível e incompreensível duplicidade de sua personalidade. Ela como que se dividia, tendo consciência de que, simultaneamente, era Kira e uma outra pessoa, outra mulher, cujo nome lhe escapava; assim como Alexei parecia-lhe ao mesmo tempo Bassarguin e outro desconhecido que haviam chamado de Roge Briquilh.

Enquanto esses pensamentos passavam como um furacão pela sua excitada e cansada mente, continuavam arrastando-a não se sabia para onde.

De repente, ela se encontrou numa sala redonda com paredes nuas e piso de pedra. Uma verdadeira fogueira ardia na enorme lareira; todo o mobiliário da sala consistia de uma comprida mesa e algumas cadeiras.

Estavam presentes as mesmas pessoas que ela vira havia pouco. Só que agora o homem de paletó verde estava nu, usando somente os aventais de couro; quanto a ela, bem amarrada e presa à cadeira, nem conseguia mexer-se e, horrorizada, olhava para o menino, que já voltara a si, e, gritando, rechaçava as mãos de Francisco, que lhe tirava a roupa.

Finalmente, fizeram-no calar-se, colocaram-lhe a corda no pescoço e o penduraram no gancho da parede. Kira via como o rosto da criança tornava-se azul e o seu coração se partia, mas ela não era capaz de se libertar. Ao sinal de Barba-Azul, tiraram a criança da parede e lha entregaram. Ele tirou-lhe carinhosamente a corda do pescoço e a mordaça da boca, despejou-lhe vinho na boca, e, pouco a pouco, o fez recobrar os sentidos.

– Não tenha medo, amiguinho – assegurou ele ao menino. – Não vou fazer-lhe mal e o devolvo à sua mãe.

Um sorriso alegre iluminou o rosto encantador do menino, ainda molhado de lágrimas. Ele estendeu as mãos para Kira e gritou:

– Mãe, mãe, me pegue logo!

Ele tentou lançar-se para ela, mas não o deixaram.

– Antes me beije e diga obrigado.

A criança, sem pensar, abraçou o pescoço do barbudo e ofereceu seus lábios rosados para beijá-lo.

Kira deu um suspiro de alívio.

Mas, naquele momento, na mão daquele diabo em forma de homem, brilhou um punhal, que foi fincado nas costas da criança.

Cortada até a metade, a cabeça crespa do menino abriu-se como flor; o sangue, jorrando, cobriu o verdugo, derramando-se em torrente no chão...

O que ocorreu depois, Kira viu através da névoa sangrenta nos olhos. Novo golpe de faca cortou o peito da criança; de lá o coração palpitante foi arrancado e os intestinos caíram para fora no piso...

Por último, as mãos e pernas rosadas do pequeno menino sucessivamente foram decepadas e jogadas no fogo. O criminoso, inebriado de deboche e sangue, cobriu de beijos o rosto morto do assassinado e em seguida atirou a cabecinha crespa ao fogo.

– Agora me tragam a mulher! – gritou Jilh d'Retz.

Os fiéis cúmplices pegaram Kira, colocaram-na no banco e tiraram sua roupa. Nesse momento Bassarguin pegou a corda do sino, pendurada no canto, e começou a repicar freneticamente.

Por causa desses sons bruscos, cada nervo de Kira vibrava e sentia fisicamente o suplício.

Naquele momento ela percebia que o terrível proprietário do castelo levantava a faca sangrenta sobre ela e só uma ideia, um apelo desesperado, passou pela sua cabeça meio inconsciente:

– Jesus, me salve!

Ouviu-se a explosão da gargalhada infernal, sob a qual as paredes do castelo pareciam tremer. As mãos descarnadas de Bassarguin agarraram-na e arrojaram-na de lado para bem longe, enquanto ele próprio derretia em uma disforme massa esverdeada.

Kira sentiu uma dor aguda na cabeça e perdeu os sentidos...

Ocupado com uma conversa com o professor catedrático, o marquês não percebeu logo a ausência da esposa; mas, ao notar que ela não estava, ficou preocupado e avisou a todos que ia iniciar buscas, pedindo aos companheiros de passeio para que continuassem a excursão. Entretanto, todos demonstraram desejo de acompanhá-lo.

– A senhora fez mal em afastar-se de nós – notou o hortelão, que mostrava o castelo para os turistas. – Nesta barafunda de salas, corredores e passagens é fácil se perder ou então cair em um fosso qualquer.

Sem sucesso, toda a turma percorria os quartos e corredores, revistando cada recanto e chamando Kira em voz alta; ela não respondia e tudo ao redor estava em silêncio.

O marquês cobriu-se de suor quando viu os poços e fossos, as passagens estreitas e escuras que levavam ao labirinto subterrâneo. Ele se acusava por ter deixado, mesmo por um momento, Kira escapar de sua vista.

Passava já cerca de uma hora desde o início da busca. Viram-se obrigados a acender as tochas porque o tempo piorava, o céu cobria-se de nuvens e escurecia em volta.

Todos começavam a se desesperar, quando, de repente, ao entrar numa sala distante, contígua à torre, um dos estudantes viu uma massa escura estendida no chão.

A seu apelo vieram correndo as demais pessoas, encabeçadas pelo marquês. Realmente, era Kira quem estava lá, mas estava desmaiada e, para horror de todos, estava deitada à beira de um fosso aberto tão próximo, que poderia, a qualquer instante, ao mínimo movimento, cair.

Ela foi levada para fora. Nesse momento, o céu clareou e o sol dourou com seus raios as torres e as paredes do sombrio castelo.

Entre os professores catedráticos encontrava-se um médico, que se ocupou com Kira, fazendo-a recobrar os sentidos. Durante o exame, ele notou que um objeto metálico ficara preso nas pregas da echarpe de renda que estava em seu pescoço.

Ao tirá-lo com cuidado, o médico, surpreso, viu um punhal com o gume enferrujado, coberto de manchas pretas; a empunhadura dourada, escurecida e mofada, era coberta de rubis e enfeitada com um brasão em relevo.

— Meu Deus! É a arma de Jilh d'Retz: a cruz no fundo dourado! — exclamou surpreso outro professor, um arqueólogo. — Mas que milagre que esta arma tenha sido encontrada aqui!

— Não entendo nada e vejo-a pela primeira vez na minha vida. Parece que minha esposa a encontrou — respondeu o marquês. — Em todo caso, senhores, peço que não falem sobre ela quando minha esposa voltar a si, até ela mesma começar a falar sobre o achado.

Ao ar livre, Kira rapidamente recuperou os sentidos, mas estava tão fraca e quebrantada, que insistia em voltar para o hotel.

Quando chegaram ao hotel, ela disse que não queria de modo algum passar a noite ali e o carro num instante estava à porta.

Durante todo o caminho Kira guardou silêncio, apertando convulsivamente a mão do marido, e somente quando eles ficaram a sós no seu ninho aconchegante e alegre, na granja, ela, entre lágrimas, contou sua aventura incompreensível.

Então o marido mostrou-lhe o punhal encontrado, que ela examinou tremendo.

– Pode ser que estas manchas pretas sejam o sangue da criança que mataram na minha presença – notou ela.

Durante alguns dias, o tema principal de suas conversas foi a visão assustadora no castelo Tiffoge e uma suposição de que, em vida passada, Bassarguin fora um dos cúmplices do terrível marechal Jilh d'Retz.

Capítulo 8

No dia seguinte, Kervadeque saiu como se fosse caçar, mas na realidade foi conversar com a bruxa da Bretanha.

Era uma velha magra, com as costas curvadas e o rosto enrugado. Vestia-se como uma camponesa da Bretanha, usava touca branca, e, quando o marquês entrou, trabalhava numa roda de fiar.

Confuso, o marquês superficialmente relatou o extraordinário acontecimento que ocorrera com ele e que ameaçava não somente sua felicidade, mas também a vida de sua esposa.

– Ao saber pela minha governanta, Jaclina Rebeque, o conhecimento de magia e o grande poder sobre os espíritos impuros que a senhora tem, eu vim pedir ajuda e conselho. É evidente que o meu agradecimento será infinito, se a senhora nos ajudar – terminou ele.

Durante o relato, a velha olhava fixamente para ele com seus grandes olhos castanhos e balançava a cabeça.

– O caso parece ser complicado e será difícil resolvê-lo. É uma pena que o senhor não tenha trazido o buquê; eu o teria examinado.

– Mas em compensação trouxe outra coisa: a moeda de ouro sobre a qual comentei com a senhora.

Tirando da carteira a estranha moeda com a imagem da cabeça de Adam, ele a entregou à velha.

Esta examinou-a e cheirou-a muito e depois se levantou.

– Eu estabelecerei agora a que espécie de espírito pertence aquele que marcou a moeda e, então, vamos ver se é possível contê-lo. Faça o favor de me seguir.

Seguindo-a, o marquês passou para outro quarto, pequeno e mal iluminado por uma pequena janelinha que dava para o mar. No meio do quarto, sobre a mesa de madeira, estava uma grande tigela com água e um candelabro de cobre de três bocais.

A velha tirou do armário afixado na parede três velas vermelhas que colocou no candelabro. Em seguida tirou uma faca de aparência estranha, em forma de foice, com o gume enegrecido, uma grande pedra negra e uma folha de pergaminho amarelado. Depois de colocar todas essas coisas na mesa, fechou a janelinha com o contravento e acendeu as velas; quanto ao marquês, ela mandou que ficasse em um canto, não se movesse nem começasse a falar sem sua permissão.

Tirou o avental e a touca, soltou sua cabeleira comprida e ainda densa e, tomando uma nodosa varinha, guardada no seio, fez com ela um círculo no ar em cima da cabeça. Depois suavemente entoou uma canção incompreensível e começou a girar como um pião em volta da mesa.

Contornou a mesa nove vezes, mergulhou a pedra na tigela com água e colocou nela a moeda; da água imediatamente ouviu-se um chiado pelo contato com metal incandescente. Depois a velha novamente começou a girar ao redor da mesa, mas agora seus movimentos eram mais rápidos e seu canto mais impetuoso; às vezes irrompiam estranhos gritos selvagens.

O marquês, que estava no canto, mal podia conter-se para não soltar uma gargalhada; entretanto, bem rápido seu humor cético e brincalhão passou para a curiosidade e, em seguida, sucedeu-se medo e, se não sentisse vergonha, teria saído do quarto onde acontecia algo misterioso e sinistro.

Nas paredes e no chão ouviam-se batidas rápidas e fortes; rajadas de vento frio passavam uivando pelo quarto; depois apareceram nuvens de vapor preto, nas quais faiscavam fogos verdes e azuis.

Finalmente, as nuvens de vapor se juntaram em cima da tigela e da nuvem brilhou uma chuva de fogo. Depois se fez o silêncio.

A feiticeira parou e secou o suor que escorria do rosto. Tomando a folha de pergaminho que agora estava depositada em cima da tigela, ela começou a examiná-la ao lado da vela.

De repente estremeceu e pôs-se a meditar; depois, sem nada dizer, começou a tirar as coisas da mesa e guardá-las no armário. Despejou a água para fora, pela janela, e saiu juntamente com o marquês para o outro quarto.

Fazendo o visitante sentar-se à sua frente, ela olhou para o rosto desolado dele e disse, se com zombaria ou compaixão, não se sabia.

— As coisas vão mal, senhor marquês. Não sou capaz de ajudá-lo — disse ela. — Dê uma olhada: esta é a assinatura do espírito pérfido que manda naquele que sua esposa teve a imprudência de ligar ao senhor. Esse monstro tem enorme poder.

Ela estendeu-lhe o pergaminho e, pasmado, o marquês viu um desenho estranho de cor vermelha e marrom, que, inexplicavelmente, aparecera na folha de pergaminho, limpa, antes disso.

O hieróglifo diabólico representava um cajado episcopal, cruzado por dois forcados com quadrados nas pontas. Havia também um quadrado preto entre dois chifres e uma mão com os cinco dedos abertos.

O marquês estava completamente deprimido com tudo o que via. Sua desconfiança desapareceu e ele começou a implorar para que a velha impedisse o crime do ocultismo que se aproximava com uma consequência inexorável.

A velha durante muito tempo e tenazmente recusou-se, mas finalmente cedeu.

— A verdade é que sua esposa está ameaçada de morte e eu tenho pena dela, mas mesmo assim não posso salvá-la. Eu própria posso morrer, então não poderei resolver. A única coisa que ainda posso fazer é descobrir como deve proceder para aniquilar a ligação da marquesa com o espírito. Mas para isso tenho de ver sua esposa.

Animado por ter conseguido pelo menos alguma coisa, o marquês chamou a bruxa para sua casa rapidamente. Mas tia Lebreth lhe disse que precisaria encontrar-se com eles no castelo e prometeu estar lá dentro de três dias, depois de se preparar para a convocação.

O marquês voltou para a granja e contou à sua esposa sobre o encontro com tia Lebreth.

Uma esperança novamente acendeu-se no espírito de Kira. Se conseguisse saber o que o fantasma procurava alcançar e de que modo ela poderia livrar-se dele, nem tudo estaria perdido; estava pronta para qualquer sacrifício, qualquer expiação, para alcançar aquele objetivo.

Na véspera do dia marcado, o casal voltou para o castelo e esperava impacientemente a bruxa. Por volta de meio-dia Lebreth chegou.

Enquanto o marquês a levava até a sua esposa, a bruxa cheirou o ar várias vezes.

— Está cheirando a cadáver. O fantasma deve estar por aí, e é de supor que ele tenha um enorme poder — murmurava a velha.

Ela mediu Kira com um olhar perspicaz e pediu que ele as deixasse a sós. Logo que o marquês saiu do quarto, a velha declarou que queria ouvir em detalhes tudo o que tinha acontecido na casa da bruxa finlandesa.

Kira contou tudo, mas não falou nada sobre sua segunda visita a Maleinen.

— A senhora está pedindo a minha ajuda, mas não me diz toda a verdade — disse severamente tia Lebreth, reprovando-a. — Seu primeiro marido foi vítima de homicídio sobrenatural. A mão que ligou a senhora a ele mandou a seta mortal que a libertou; o encadeamento das fórmulas mágicas criminosas deu tal poder aos espíritos malignos e ligou-os à senhora de tal forma que interromper essa ligação é quase impossível.

Apavorada, Kira contou tudo, justificando-se pelo fato de estar apaixonada pelo seu marido atual.

– Eu não procurava nem queria a morte do meu falecido esposo; eu somente desejava divorciar-me dele – disse ela, abatida.

– Sim, sim. As paixões não são boas conselheiras – suspirando disse Lebreth. – Mas a senhora está sendo castigada com tanta crueldade que é possível que Deus, pela sua misericórdia, a perdoe.

A convocação aconteceria à meia-noite, em uma sala separada, de onde antecipadamente haviam tirado todos os móveis, exceto uma poltrona para o marquês.

Kira estava tão apavorada que tia Lebreth abanou a cabeça com ar pensativo; mas, compreendendo algo, colocou as mãos sobre a cabeça de Kira e ela entrou em profundo sono cataléptico.

Depois disso, a velha prendeu saquinhos com incenso nos pés e mãos de Kira, pendurou um crucifixo antigo no seu pescoço e desenhou um círculo ao seu redor, cochichando fórmulas mágicas.

Ela mesma se posicionou diante da poltrona e também desenhou um círculo em torno de si própria, leu fórmulas mágicas que convocaram o fantasma junto com o demônio que mandava nele; numa mão ela segurava sua vara e na outra, a faca em forma de foice.

No começo ressoou uma crepitação, depois um estrondo e finalmente se ouviu como se caísse um corpo pesado; ao lado do círculo que cercava Kira, surgiram dois seres repugnantes.

Um deles parecia um cadáver em decomposição e somente os olhos estavam vivos e olhavam com ódio profundo; o outro era meio homem, meio animal, nu e peludo, com chifres fosfóricos e grandes asas dentadas.

Seu aspecto era tão horrível que até tia Lebreth sentiu um calafrio, apesar de seu hábito de lidar com o mundo invisível.

Mas, ao notar um sorriso de escárnio no rosto do fantasma diabólico, ela voltou a si.

– O que você quer, espírito do inferno? Com que objetivo você persegue e tortura aquela que pecou somente por ignorância?

– Eu quero a sua vida. Ela tirou a minha e eu em troca levarei a dela. Ela me ligou ao inferno e eu quero que ela também vá para lá comigo – pronunciou o cadáver meio vivo, com uma voz fantasmagórica.

– Não estou conversando com você, quero ouvi-lo. Diga-me que redenção você quer e quem pode eximir os dois da sua vítima. Fale, eu ordeno! – gritou, insistindo, a bruxa.

– Somente aquela que os uniu poderá cortar esse vínculo; qualquer outro que se atreva a fazê-lo pagará com a própria vida – respondeu o monstro maliciosamente e começou a aproximar-se da velha asfixiando-a com seu mau cheiro.

Então, tia Lebreth levantou a faca, fez com ela no ar dois sinais cabalísticos e pronunciou uma fórmula mágica.

O monstro afastou-se espumando, na sala ouviu-se como um estalo e as visitas diabólicas sumiram.

Quando os espíritos desapareceram, a velha saiu do círculo, acordou Kira e chamou o marquês, que estava no quarto vizinho.

Kervadeque perdeu a cor e ficou desolado, porque também escutara a voz de Bassarguin do outro quarto; ele tremia quando entrou na sala.

Tia Lebreth comunicou que somente a bruxa finlandesa seria capaz de ajudá-los.

– Mas ela se ocultou em local desconhecido; minha busca deu em nada – disse Kira, desatando em prantos.

– Mesmo assim, é o único meio que a senhora pode tentar – observou Lebreth.

Ela recusou qualquer recompensa e ao nascer do sol partiu para casa.

Depois dessa experiência, Kira perdeu qualquer esperança e caiu em depressão; o marquês, ao contrário, ardia de desejo de retomar a tentativa de livrar-se do pesadelo.

Ele achava que fora dado mais um passo para frente: soubera das intenções daqueles com quem estavam lidando; restava somente encontrar alguém mais poderoso e sábio que a bruxa do campo. Ele não acreditava nas ameaças dos demônios.

O ceticismo do marquês desaparecera completamente e ele tornara-se defensor convicto da existência real do mundo do além.

Refletindo, resolveu ir para Paris, onde, segundo informações, existia uma escola de magia, onde lecionavam ocultistas muito famosos. Lá, entre aqueles "cientistas" e "seguidores da antiga ciência hermética", ele acharia sem dúvida o "mágico" forte de que precisava.

Chegando a Paris, entrou em contato com diferentes círculos de ocultistas e, relatando toda a história da perseguição do além, cujas vítimas eram ele e sua esposa, pediu que o ajudassem.

Os ocultistas interessam-se pelo caso tão extraordinário, discutiram durante alguns dias, e depois sete deles se prontificaram a ir até a Bretanha para tentar conter aqueles monstros infernais, mas exigiram que para isso lhes fosse trazido o retrato de Bassarguin.

O marquês telegrafou a Petersburgo para que lhe enviassem um retrato grande, pintado a óleo, de Alexei Arkadievitch, e, ao recebê-lo, avisou os licenciados.

Alguns dias depois, os ocultistas partiram para o castelo.

A convocação estava marcada para a noite seguinte após a chegada deles, mas Kervadeque pediu que liberassem a esposa de estar presente ao experimento, visto que qualquer emoção forte prejudicaria sua frágil saúde.

Os ocultistas deram seu consentimento e ocuparam-se ativamente dos preparativos.

No meio da sala vazia fizeram algo semelhante a um trono, onde instalaram o retrato de Bassarguin, um castiçal de sete bocais e dois vasos de cobre com aromas mágicos; ao redor colocaram tripés com carvão, plantas secas e incenso.

Ao cair da noite, os licenciados dirigiram-se à sala indicada, armados de espadas mágicas.

Cada um deles colocou-se dentro de um círculo; o líder deles pôs-se na frente do trono com o livro de fórmulas mágicas nas mãos.

No quarto ao lado estavam o próprio marquês e Píer Rebeque, que era o favorito do marquês depois de haver queimado o buquê demoníaco.

Enquanto o líder dos "magos" lia as fórmulas, os demais cantavam pacificamente os hinos; o capim estalava e ardia nos tripés, enchendo a sala com um aroma forte.

Logo se ouviu um barulho surdo na sala, o chão começou a tremer, soprou um vento gelado, e de todos os cantos escuros começaram a cintilar luzes de várias cores, as quais voavam pela sala e agrupavam-se em torno dos tripés.

Enfim, aquele que lia as fórmulas mágicas três vezes pronunciou o nome de Alexei Bassarguin e então aconteceu algo estranho e terrível. Ao descorado rosto expressivo do retrato sobrepôs-se uma névoa esbranquiçada, e espessas nuvens de vapor negro saíram em baforadas. Depois se ouviu uma batida brusca e na frente do trono surgiu a figura alta de um homem vestido de preto; o rosto inchado em decomposição era asqueroso.

Atrás dele estava seu soberano, o mesmo demônio que já antes tia Lebreth convocara; mas dessa vez ele era ainda mais terrível e asqueroso. Seu corpo negro e nu estava iluminado com fogo; entre os chifres, chiando, ardia um fogo esverdeado; as asas enormes e denteadas, parecidas com as do morcego, delineavam-se nitidamente sobre o fundo da nuvem que o rodeava de uma auréola vermelha cor de sangue.

Ressoou uma gargalhada brusca e maliciosa.

– Há-há-há! O que vocês estão pensando, miseráveis pigmeus?! Decidiram lutar com os titãs? Há-há-há! Vocês mal conhecem o á-bê-cê da magia e apenas o nosso aparecimento já extenua vocês. É assim que vocês contam nos derrotar, tremendo de medo e banhando-se de suor frio? Fora com as armas ou será a sua última hora.

O mais corajoso dos ocultistas, que não se assustara, pronunciando uma fórmula, pretendia fincar o peito do monstro, que estava a dois passos, com a ponta da espada; mas então aconteceu algo sem precedentes. As centelhas de várias cores que rodeavam os tripés de repente se transformaram em meios homens e meios animais, e toda massa detestável lançou-se sobre os licenciados. Todos os fogos apagaram-se e começou na sala um barulho inimaginável, misturando-se com os gritos e brados.

O assustado marquês não demorou em lançar-se em socorro, abriu decididamente a porta e ligou a luz elétrica. Os fluxos da luz clara inundaram a massa de bestas repugnantes que se moviam, mas em seguida desapareceram.

Píer, armado de um crucifixo, entrou voando seguindo seu patrão, e os dois, perplexos, olharam sem dizer nada para o campo de batalha que representava a sala.

O trono e os tripés haviam sido derrubados e quebrados; o retrato de Bassarguin sumira e somente alguns pedaços carbonizados pendiam da moldura.

Os ocultistas jaziam no chão. Um deles, meio sufocado, tinha sinais escuros de garras no pescoço; outro fora ferido com a própria espada e os demais haviam sofrido ferimentos mais ou menos graves.

Enquanto o marquês e Píer examinavam a destruição, lançada não se sabia de onde, uma pedra acertou o braço do jardineiro e por pouco não fez cair de suas mãos o crucifixo. Mas esse novo atentado fez com que eles voltassem à realidade.

Foram chamados Cláudio e Jaclina. Com sua ajuda, os feridos foram socorridos, os curativos foram efetuados, os machucados foram colocados nas camas e um mensageiro foi enviado para chamar um médico.

Agora o marquês compreendia que a luta contra um mundo invisível, contra suas forças e criaturas desconhecidas, que rodeavam a humanidade, era difícil e perigosa; Kervadeque suspeitava de que, se não tivesse iluminado a sala na hora certa, os pobres ocultistas teriam perecido.

Quando, depois de uma semana, o último dos hóspedes deixou o castelo e partiu para Paris, o marquês declarou à sua esposa:

– Nós voltaremos para São Petersburgo e procuraremos Maleinen até encontrá-la.

Deprimida com os acontecimentos, desolada e desanimada, Kira abaixou a cabeça sem nada dizer. Ela perdera toda a esperança.

Capítulo 9

Depois de chegar a São Petersburgo, o próprio Kervadeque começou a busca e até prometeu uma boa recompensa a quem achasse a mulher *tchukonets*; mas todos os esforços para encontrar a bruxa não deram resultado algum.

Kira e sua mãe, a quem ela contara toda a verdade, estavam desesperadas, mas o marquês continuava persistente.

– Mesmo que me veja obrigado a procurar por toda a Finlândia, aldeia por aldeia, encontrarei essa canalha e a forçarei a mandar o seu diabo para o lugar de onde ela o tirou. Eu não condeno uma jovem e crédula moça que aspira a casar-se, por fazer essa travessura; mas essa bruxa *tchukonets*, que abusou da inexperiência dela, envolvendo-a em tal desgraça, merece a fogueira – murmurava raivosamente Kervadeque.

Passou mais de um mês na busca infrutífera. De repente, Kira lembrou-se de Nastia e perguntou à sua mãe se ela tinha alguma notícia da moça.

– Ela está num dos mosteiros de Novgorod. Há dois ou três meses que lhe mandei, conforme sua vontade, 25 rublos, chá, açúcar, café etc. – respondeu a viúva do general. – Sua antiga babá Matriona foi lá à peregrinação e levou-lhe a encomenda. Na volta do mosteiro, Matriona disse que Nastia é uma sombra do que foi e provavelmente está com os dias contados.

Kira estremeceu, passou a mão no rosto e abaixou a cabeça.

– Irei visitá-la, "mamã" – disse ela depois de pensar um minuto. – É evidente que ela também está pagando caro por sua loucura; além disso, é possível que ela me dê algumas indicações de onde possa procurar Maleinen. Se a bruxa me ajudar, exigirei que ela também o faça com Nastia.

– Tudo bem, querida, vá, mas leve consigo Matriona; ela ficará feliz em acompanhar você.

A viúva limpou uma lágrima que viera aos olhos.

O marquês aprovou a viagem, mas também exigiu que levasse consigo a babá; o abatimento e o evidente definhamento de esposa deixavam-no desesperado.

No mosteiro, Kira soube que Nastia tornara-se "freira Ana"; mas quando ela viu a jovem freira, seu coração começou a doer de compaixão.

Nastia, antigamente simpática, de faces coradas e atarracada, transformara-se numa velhinha magra e com as costas curvadas, com as faces cavadas, a pele amarelada e doentia e os olhos febrilmente brilhantes.

– Pobre Nastia! O que aconteceu com você?

– Ah, minha querida senhora! Percebo que da senhora também só sobrou a sombra; talvez, a senhora esteja pagando caro pelo pecado que cometemos, aliás, por inexperiência.

Beijando a mão de Kira, acrescentou:

– Deus livre qualquer alma cristã de tal sacrifício.

– Ah, Nastia, querida! O meu pecado foi ainda mais grave que o seu; fora isso, eu levo uma vida mundana e me casei pela segunda vez. Entendo que Deus esteja me castigando; mas você está redimida da sua culpa, você se afastou do mundo, leva uma vida de eremita, observando jejum e orando. Você deveria ser perdoada – dizia Kira, ficando emocionada e trêmula.

– Deve ser que a minha prece é fraca para me salvar. Maleinen vendeu a sua alma ao diabo e o inferno ajuda; parece que essa bruxaria maldita ficará sobre nós para todo o sempre. Só para senhora eu quero confessar tudo e contarei o que não contaria jamais a ninguém. Faça-me o favor de entrar na minha cela.

O mosteiro estava situado nas proximidades da cidade e era cercado de mata. A pequena cela de madeira de mosteiro, modesta e de um cômodo só, ficava num canto afastado do muro do mosteiro, que continha também parte da floresta.

Quando as duas sentaram-se num banco de madeira, Nastia, ou irmã Ana, começou a contar à meia-voz.

– Quando me mudei para o convento, senti-me muito feliz; achava que o nosso refúgio sagrado me defenderia de qualquer perseguição diabólica. A nossa abadessa é muito bondosa e me abençoou para que fizesse esta casinha; em breve me permitiram uma tonsura menor e nós nos alojamos aqui: eu e a irmã Agafia, com quem fiz amizade. Bem. Vivíamos tranquilas e rezando. De repente, certa vez, acordei à noite e ouvi que Agafia gemia. Na manhã seguinte, eu indaguei e ela me respondeu que sonhara com um gato enorme sentado no seu peito, que tentava sufocá-la. Por duas noites seguidas ela teve o mesmo sonho. Quando a ouvia gemer, logo a acordava. No quarto dia, à noite, tudo estava em silêncio, devo ter adormecido profundamente e não a ouvi. Só que de manhã muito cedo, levantei-me para ir à igreja e vi que Agafia ainda dormia, e ela costumava levantar-se antes de mim. Imagine só, senhora, que horror: eu olhei para ela, mas ela estava como morta e até enegreceu toda. Fui correndo ao hospital para pedir ajuda; o médico chegou e disse que ela havia morrido fazia tempo, estava até gelada. Quando contei sobre o sonho no convento, as irmãs me disseram que ela teria visto a morte que viria buscá-la. No dia do enterro, eu me sentia angustiada e orava muito pela alma de Agafia; finalmente, fui dormir, mas não conseguia conciliar o sono. A angústia e o medo atormentavam-me e deixei a lâmpada de querosene acesa, aquela que a senhora me deu. Bateu meia-noite no relógio do mosteiro e, de repente, pareceu-me que a porta da entrada havia batido; depois, senti como se alguém passasse pelo saguão. Comecei a tremer como uma vara verde e me sentei na cama.

Nastia respirou profundamente e deu prosseguimento à sua narrativa:

– Pensei que pudesse ter esquecido de fechar a porta e algum vagabundo entrara em minha casa. Fiquei aturdida, mas não sabia o que fazer. De repente, vejo a porta se abrir e um homem entrar, pálido, magro, com roupa de presidiário, em cujos pés grilhões tilintavam. Ele se aproximou da minha cama, olhou para mim com tal olhar, que fiquei gelada, e me disse com um sorriso, sabe, malicioso: "Não tenha medo, Nastienka,[1] sou eu, seu marido. Creio eu que você nem pensa mais em mim, mas eu não me esqueci de que o padre nos casou e de que, por causa da sua traição, fui parar nos trabalhos forçados. Há-há-há! Olhe, estou acorrentado, mas esta corrente não é mais forte do que aquela com que Maleinen nos ligou. Agora volto para cumprir a minha promessa e exigir os meus direitos. Eu esperei por você por muito tempo e a qualquer que fosse o preço, mas finalmente fugi. Hoje vamos comemorar o nosso casamento". Eu perdi a cabeça de pavor porque o reconheci. Eu disse: "Vikenti, você está louco. Não está vendo que sou uma freira? Fiz votos! Posso ajudar você a se esconder, com muito prazer, e também posso lhe dar dinheiro". Estava tiritando de medo; sentia um frio que partia de Vikenti, como se fosse de uma adega. Ele caiu numa gargalhada tão estridente e selvagem como nunca tinha ouvido antes. E aí as minhas últimas forças sumiram. "Você é uma freira? Há-há-há! Mas antes de ser uma freira você se casou comigo. Maleinen nos casou, lembre-se disso! Você é toda minha, todinha, e nada tirará você de mim; e se você resistir e me repelir, eu a matarei!". Ele me pegou com suas grandes mãos geladas; uma fetidez tão forte partia dele, que eu nem conseguia respirar. Parecia-me que uma massa de neve me enterrava e então eu desmaiei... Voltei a mim com o nascer do sol. Olhei em volta, não havia ninguém. Desde então, ele frequentemente me visitava e dormia comigo como marido... Eu tinha esperanças de que um dia ele fosse apanhado, mas

[1] Apelido carinhoso do nome russo Nastia.

não entendia onde ele se escondia; não tinha a coragem de denunciá-lo e tinha vergonha de contar a alguém os acontecimentos. Mas o mais terrível estava para vir...

Nastia precisou tomar fôlego para poder continuar falando:
— Cerca de três meses atrás, Matriona veio e trouxe-me os presentes da senhora. Eu travei conversa, claro, com ela e, de repente, ela me disse: "Não faria mal se você, irmã, celebrasse uma missa de alma para Vikenti; seu antigo patrão recebeu a notícia de que ele não suportou as galés e se enforcou. É seu dever rezar pela sua alma pecadora, pois ele se tornou prisioneiro por você ter faltado à sua palavra". Fiquei petrificada. Vikenti morrera... E como era que ele cada noite ficava comigo? Achei que minha cabeça fosse rebentar. Meus pensamentos começaram a se misturar e eu perdi os sentidos. Fiquei doente por cerca de seis semanas e no hospital; mas, finalmente, me recuperei. E logo que voltei para cá, Vikenti novamente começou a me visitar... Sofro, mas guardo silêncio. Quem pode me ajudar? Ninguém. Estou amaldiçoada e tenho de suportar o meu suplício até o último dia da minha vida.

Nastia silenciou enxugando as lágrimas que corriam pelo seu pálido rosto emagrecido. Kira ficou horrorizada escutando aquela história medonha; só em pensar que Bassarguin também pudesse exigir seus direitos, ela se cobria de suor frio. Tinha muitas provas, evidentes demais, de que o fantasma não queria ceder seus direitos a ninguém. Passou por sua cabeça a lembrança do aparecimento de Bassarguim em Veneza e a repugnância que sentira ao tocar o cadáver em decomposição.

Eram horríveis as leis que davam vida, mesmo que temporariamente, aos moradores do mundo do além... Agora ela estava pagando por sua indiferença às leis do mundo desconhecido, por sua desconfiança escarnecida por tudo o que não pudesse apalpar com a mão ou examinar com bisturi. Naqueles tempos "esclarecidos" estava na moda ridicularizar os "fantasmas", o sonambulismo, a bruxaria, numa palavra, tudo o que "os intelectuais" não entendiam; da mesma forma como negavam a existência de Deus ou escarneciam das crenças religiosas. Kira também fora criada na concepção de que uma moça "desenvolvida e culta", alguém de bom nível social, não podia, sem ficar envergonhada, acreditar em tais disparates... Custara-lhe caro a convicção de que não existia o mundo do além...

Apertou a cabeça com as mãos, procurando se conter; em seguida, por sua vez, contou a Nastia tudo o que vinha acontecendo com ela, desde que elas haviam-se apartado.

– Sobrava apenas uma esperança: encontrar Maleinen – terminou ela o seu relato. – Vim para lhe perguntar se você sabe onde ela está. Se ela conseguir me libertar, juro que pagarei para que ela liberte você de Vikenti. Infelizmente, não encontro em lugar algum essa maldita mulher.

Nastia ficou pensativa.

– Eu particularmente não sei onde ela está. Mas pode ser que a esposa do policial Efimov, que tinha me levado para vê-la, saiba onde mora a bruxa atualmente. Lembro-me de que elas foram amigas, e até eram parentas. A mãe da esposa de Efimov, parece, tem origem *tchukonets*.

Depois de anotar corretamente o nome do policial e de sua esposa, Kira partiu no dia seguinte. Voltando a São Petersburgo, a busca de Maleinen começou novamente e dessa vez foi coroada de êxito. O guarda tinha sido transferido para outro bairro da capital, onde o encontraram; sua esposa, graças a uma boa gorjeta, imediatamente passou o endereço desejado.

Verificou-se que Maleinen tinha deixado definitivamente a capital e passara a residir na sua aldeia natal perto de Abo. Depois de conseguir uma indicação tão valiosa, foi decidido por unanimidade que Kira e sua mãe iriam visitar a mulher *tchukonets*; o marquês, por sua vez, convenceu sua esposa a não poupar dinheiro com as despesas.

O relato do sofrimento sem precedentes de Nastia horrorizou-o; ele estava disposto a pagar qualquer preço que a bruxa fixasse, contanto que ela destruísse o feitiço infernal criado por ela e libertasse as duas infelizes.

Mãe e filha chegaram a Abo. Quando entraram no grande povoado habitado por muitos moradores, Kira sentiu um aperto de medo e angústia no coração e, quando sua carruagem parou na frente da casa indicada, ela sentiu calafrios.

Maleinen morava na saída do povoado, numa grande casa de tijolos de aparência pouco amável, cercada por um pomar e um muro. Ao lado de uma cancela, no muro, estava a campainha.

Uma mulher *tchukonets*, de mais ou menos 30 anos, com o rosto achatado e estúpido, abriu-lhes a porta e, ao ver as duas senhoras, fez reverência.

Após saber que as visitas desejavam ver Cristina Maleinen, respondeu servilmente que sua mãe estava em casa, pediu que entrassem e chamou seu marido para tirar a carruagem e levar para casa uma cesta e um saco de pano.

Eram os presentes que Kira trouxera: um corte de tecido de lã azul-escuro, um lenço branco de seda, tecido para fazer aventais e blusas e comestíveis: chá, café, açúcar, conhaque etc.

Depois de passar ao pátio, grande e bem cuidado, cercado de estrebarias, de estábulos e de telheiros, a viúva e Kira entraram numa espaçosa cozinha. Na frente da casa, haviam sido pendurados em varas peixes defumados e fileiras inteiras de pães secos e redondos, planos com um buraco no meio, daquele tipo de que tanto gosta o povo finlandês. Uma chama forte ardia no fogão e no caldeirão cozinhavam-se repolho e carne, exalando um cheiro apetitoso. A mesa estava servida para três pessoas e nela haviam sido colocados pão, manteiga e bilha de leite azedo.

Tudo na casa indicava abundância; pelo visto, as "ocupações ocultas" da bruxa davam bons frutos. A viúva expressou vontade de ficar na cozinha enquanto a filha falava com Maleinen, então Kira, sozinha, passou para o quarto vizinho – bem iluminado, grande e mobiliado de modo não-camponês.

Ao lado da janela, decorada com cortinas brancas de crochê e cheia de vasos de plantas no peitoril, estava sentada a bruxa, que fazia tricô. Ao ver os visitantes entrando, uma expressão de descontentamento ou de surpresa passou pelo rosto da velha.

— Ah, é a senhora? Que mau aspecto tem a senhora! – disse Maleinen, levantando-se e fazendo uma reverência.

— Sim, eu sei que minha aparência está horrível. Eu vim exatamente para discutir um assunto muito importante com a senhora.

— Nesse caso, faça o favor de passar para meu quarto – respondeu a velha, carregando o cenho.

Ela acompanhou Kira para um quarto pequeno, o seu dormitório, onde havia uma cama grande com as cortinas e o cobertor de chita estampada; havia também lá duas velhas poltronas diferentes.

Emocionada, Kira sentou-se e começou a relatar tudo o que acontecera com ela. Descreveu em que tortura transformara-se sua vida e a de Nastia e, ao finalizar, mencionou as palavras de tia Lebreth de que somente Maleinen poderia salvá-las e libertá-las.

Enquanto ela falava, o rosto da mulher *tchukonets* empalidecia mais e mais.

— Não é de admirar! Eu penso que ninguém além de mim possa fazer isso – resmungou a bruxa, rindo brusca e maldosamente. – Só que esse negócio é perigoso e não me convém.

— Pelo amor de Deus! Imploro, salve-nos, liberte-nos! Eu darei à senhora três, cinco mil; farei tudo o que a senhora quiser, só nos salve desses monstros – implorava Kira, apertando as mãos e desatando em pranto.

A mulher *tchukonets* olhou-a sombriamente.

— Não, não posso. O que a senhora está exigindo é muitíssimo perigoso; eu arrisco a própria cabeça. E para que preciso do ouro da senhora? Eu quero viver e não vou me arriscar por causa de vocês. E, afinal de contas, o que a senhora pode ter contra mim? A senhora desejava casar-se e se casou; depois desejava ficar livre para casar com outro: ficou viúva e depois se casou novamente. Eu fiz tudo o que a senhora queria. Então, o que a senhora quer mais de mim? A senhora quer que, por sua causa, eu combata os demônios? Ora, muito obrigada. Eu dou valor à minha vida e não farei nada para vocês, nada! É a minha última palavra!

Kira, sufocando de lágrimas, levantou-se de um salto só e, como louca, lançou-se correndo para fora do quarto, mas confundiu as portas e saiu para um corredor escuro que levava ao pátio.

Na saída, ela se chocou com duas pessoas, escutando às ocultas, atrás da porta. Eram a filha de Maleinen, Catarina, e seu marido, Onni Tengren.

Sem dizer nenhuma palavra, eles a conduziram ao terraço de entrada.

— Não chore, pobre senhora — começou a consolar o finlandês, com compaixão. — A velha não quer ajudá-la; pois nós, a filha dela e o genro, temos outra opinião. Seria ridículo e uma tolice recusar um bom ganho e além do mais deixar que pereça uma senhora tão bonita e generosa.

Uma esperança brilhou no espírito de Kira.

Ela tirou algumas moedas de ouro e as deu para o casal.

— Ah, se vocês conseguirem arranjar isso e convencer Maleinen a me ajudar, dar-lhes-ei mil rublos a mais do que prometi a Maleinen.

O *tchukonets* estalou a língua de contentamento e animou-se mais ainda.

— Fechado! Conte conosco, senhora, a velha também a ajudará; isso é tão certo quanto me chamo Onni Tengren. Ela é a bruxa mais poderosa em toda a Finlândia e o próprio diabo a teme.

O digno casal despediu-se das visitas com reverências e promessas, anotando o endereço deles de São Petersburgo.

Passaram-se dez dias de espera febril e aflitiva. Kira estava mortificada; o marquês andava nervoso e irritado e a viúva chorava sem parar. Ela não duvidava de que, se esse último meio falhasse, sua filha estaria perdida.

Finalmente, no décimo primeiro dia, na hora do café da manhã, o lacaio anunciou duas mulheres e um *tchukonets* da aldeia de Abo, que queriam ver os senhores para tratar de um assunto importante.

– Primeiramente regale-os bem, e depois os conduza para meu gabinete – ordenou Kervadeque.

Depois de uma hora os recém-chegados entraram no escritório.

Maleinen estava pálida, mas, em compensação, Catarina e Onni estavam muito animados e contentes.

– Cedendo a nossos pedidos, "mamãe" concordou em destruir o que fez – declarou Onni Tengren com um ar satisfeito.

– Ótimo – disse o marquês, abrindo a escrivaninha. – Aí está o dinheiro que minha esposa prometeu por terem convencido sua mãe a nos ajudar; quanto a Maleinen, a senhora receberá dois mil rublos adiantados, como prova de nossa completa confiança. Eu não duvido de que uma feiticeira como a senhora seja capaz de desarranjar aquilo que fez.

Apesar do elogio, a velha permanecia sombria e preocupada.

– Eu já falei para a sua esposa que esse negócio é perigoso, difícil, e eu não posso garantir o seu êxito. Cedendo aos pedidos de minha filha e de meu genro, vou tentar aniquilar a bruxaria, mas para isso preciso da minha antiga casa; eu deixei lá as minhas garrafas.

– Teremos o apartamento – entrou na conversa o genro. – Eu já falei com o guarda; ele está prestes a alugá-lo por uma semana, só que pediu 50 rublos.

– Eu pagarei – disse Kira.

– Então vá rápido conversar com o guarda, Onni, e diga-lhe que nós alugamos por uma semana e ocuparemos já hoje à noite. Eu avisarei a senhora, quando começar; mas isso acontecerá não antes de três dias, porque preciso preparar-me e esta época é difícil. Mesmo assim, repito, não há garantia alguma. Se eu ficar viva, vocês ficarão livres; mas se eu morrer, seu dinheiro estará perdido, porque significará que eles terão vencido – terminou Maleinen com a voz surda e desanimada.

A conversa prosseguia, porém a avidez venceu as últimas dúvidas da velha e todos os três foram embora bem mais tranquilos e seguros do que quando haviam chegado, levando consigo uma grande cesta de víveres.

No mesmo dia, Kira sentiu um estranho mal-estar; os seus pés e mãos estavam pesados como chumbo, doía-lhe a cabeça e um cheiro horrível de cadáver a sufocava. Ela passou a noite sem pregar olho e seus cabelos se arrepiavam. Batidas secas e estalos ouviam-se dentro das paredes; além disso, ela sentia alguém ao lado de sua cama, espalhando um ar gelado.

A noite seguinte causou agitação no meio da criadagem. O porteiro viu subir a escada um bando de gatos pretos de olhos fosfóricos brilhantes. No entanto, apesar de todos os esforços dispensados, não encontraram nenhum bichano e por isso na sala dos criados concluiu-se que era simplesmente o "impuro".

Kira e seu marido moravam na mesma casa que tinha sido herdada de Bassarguin. Na mesma noite, um lacaio afirmou que ouvira alguém uivar como lobo no antigo gabinete de Alexei Arkadievitch; abrindo a porta, ele vira sombras negras se movendo pelo escritório; fugira gritando, o que, evidentemente, deixara perturbada toda a criadagem. E só a ordem severa do marquês de que guardassem silêncio sobre esses acontecimentos não deixara que tais boatos chegassem à sua esposa.

De manhã, no terceiro dia, apareceu Onni Tengren com a notícia que, à noite, Maleinen daria início às fórmulas mágicas decisivas e mandou que as senhoras não dormissem.

Todo o dia Kira passou como se tivesse febre, sentindo palpitações e tonturas. Sua mãe e seu marido tentavam convencê-la a dormir um pouco de dia para que à noite estivesse com as forças renovadas, mas ela não tinha sossego em lugar algum e vagava como uma sombra, dizendo que alguém a estava seguindo e que o ouvia fungar e respirar com dificuldade.

A viúva do general ficou emocionada a tal ponto que se debilitou totalmente e o médico teve de lhe dar, sem o conhecimento dela, gotas soníferas, depois do que, ela adormeceu.

Kira recusou-se a ir para cama e, colocando o roupão, ajeitou-se no canapé, rodeando-se de almofadas. Ela ficara de faces cavadas e tinha uma aparência tão má que seu marido receava que ela não suportasse aqueles maus momentos independentemente do resultado da última noite.

Para acalmar sua mulher, ele disse que iria passar a noite ao lado dela, junto com Matriona, que morava na casa deles, desde sua viagem para o mosteiro.

Matriona cobriu de incenso o canapé e colocou um pouco também no bolso do roupão de Kira; pendurando um crucifixo na parede, acendeu lamparinas com óleo trazido de Jerusalém diante das imagens.

O marquês, que se tornara religioso quando antes não acreditava em nada, pendurou no pescoço da esposa o antigo medalhão dourado com relíquias que haviam sido trazidas por um dos seus antepassados das cruzadas.

O tempo arrastava-se lenta e penosamente. Os três, nervosamente agitados, procuravam se animar, mas mesmo assim não percebiam como aos poucos um peso de chumbo os dominava e o sono pesado cerrava-lhes os olhos.

De repente um grito selvagem e estridente encheu o quarto. Acordados, Kervadeque e a antiga babá levantaram-se de um pulo só e, com a luz da lamparina acesa para as imagens, viram claramente a sombra alta de um homem que jogava Kira do sofá e parecia lutar com ela; depois, pronunciando uma maldição, atirou sua vítima a alguns passos e desapareceu, deixando no quarto o odor sufocante de cadáver.

– A força do bem está conosco! – pôs-se a berrar Matriona, e lançou-se fora do quarto.

Benzendo-se, o marquês lançou-se a socorrer sua esposa. Viu que ela estava coberta de fragmentos de ossos misturados com flores meio decompostas, que haviam sido antigamente lírios e camélias.

A empregada e a viúva do general, que também haviam acordado, vieram correndo, ao escutar o toque da campainha do marquês, e ajudaram-no a socorrer Kira, que jazia sem sentidos.

Nesse momento, a conversa vaga e a agitação da criadagem atraíram a atenção do marquês. Evidentemente, algo acontecera em sua casa. Ao sair do quarto para se informar do que se tratava, ele viu que as portas e janelas que davam para a entrada e a escada estavam abertas e ao lado do espelho enorme da ante-sala, a criadagem, meio vestida e acordada, juntava-se em volta do porteiro.

O velho porteiro, simpático e zeloso, que morava na casa havia mais de 30 anos, estava meio deitado na cadeira e sua esposa e a governanta molhavam sua cabeça com água.

– O que há com ele? – perguntou o marquês.

– Ah, senhor – gritou o porteiro, recobrando os sentidos e levantando-se. – Acontece que eu vi com meus próprios olhos, Alexei Arkadievitch. Acabava de fechar a porta da entrada e já pretendia apagar a luz quando, não sei de onde, surgiu ele ao meu lado. Seus olhos grandes eram como carvão aceso... Ele olhou para mim e disse: "Olá, velho! Reconheceu-me?". Estava vestido exatamente do jeito como foi colocado no caixão, nas mãos havia um buquê de flores, escuras como que queimadas, e o rosto dele estava muitíssimo descorado, como o de um verdadeiro morto. Fiquei como que fulminado. E aí, vi como ele subia as escadas como que deslizando pelos degraus, sem levantar os pés. E me veio à cabeça: "Será que ele é um *impuro*? Pode fazer mal à nossa jovem senhora?". Então corri atrás dele escada acima e comecei a repetir o "Que Deus ressuscita", mas me faltaram as forças e eu caí. Naquele momento, ouvi que na cozinha gritavam e também gritavam em mais algum lugar; depois as pessoas começaram a correr para lá e para cá e eu chamei...

– Mas por que gritavam os outros? – perguntou o marquês.

– Antip e Nikifor colocavam a louça no guarda-louça e também viram o nosso patrão falecido – informou a governanta.

– Eu, o senhor Clod e a empregada de quarto conversávamos

quando de repente ele, o *impuro*, passou sem parar como furacão diante de nós, parecendo sair do quarto da senhora. Seu rosto era tão sombrio e perverso como o do diabo.

Não foi fácil para o marquês acalmar os criados, que aparentemente estavam prestes a demitir-se. Ele prometeu levantar uma imagem de Nossa Senhora de Kazan, celebrar uma missa com bênção de água e encomendar a missa de 40 dias da morte de Bassarguin.[2]

Acalmadas com suas promessas, as pessoas se foram e ele voltou para o quarto da esposa, a quem haviam conseguido fazer voltar a si somente depois de longos esforços.

No pescoço de Kira haviam aparecido marcas de equimoses de dedos, mas ela própria nada vira. Ela fora acordada com as mãos geladas de alguém que a arrastava do sofá. Logo em seguida, desmaiara. Kira ficara muito esgotada e, depois de tomar o calmante em gotas, dormira um sono profundo e pesado.

---

[2] A tradição ortodoxa comemora 9 e 40 dias após a morte de uma pessoa.

Capítulo 10

Depois da conversa na casa do marquês, Maleinen, sua filha e o genro dirigiram-se diretamente à casinha do cemitério Volcov onde antigamente morava.

As conversações com o guarda não foram longas, eles alugaram a casa e a velha ficou lá, enquanto a seu mando os seus foram buscar objetos.

Sentada à janela, ela pôs-se a meditar sombriamente; quando voltou para a casa com as trouxas, o casal a encontrou na mesma posição.

Ao anoitecer, Maleinen mandou que sua filha e seu genro acendessem o zimbro na lareira e lessem as fórmulas mágicas indicadas e também ordenou que cuidassem para que o fogo não se apagasse até que ela pudesse voltar.

Era por volta da meia-noite quando ela saiu em direção ao cemitério.

Era uma noite fria. O vento forte e arrebatado conduzia no céu nuvens cinzentas que escondiam a lua; às vezes, a meia-luz opaca iluminava o campo de tranquilidade pacífica e naquele momento destacavam-se no escuro cruzes tumulares e monumentos fúnebres.

Após dar uma boa volta, Maleinen voltou para aquela parte do cemitério que ficava próxima à sua casinha. Esse lugar, por ser o mais antigo, estava mais descuidado. Os túmulos jaziam abandonados, as cruzes ou haviam caído, ou tinham ficado cambaias, e tudo em torno cobrira-se densamente de mato e de moitas.

Lá havia um velho monumento em forma de capela. A grade de ferro fundido estava quebrada, os degraus de pedra haviam-se desfeito e a porta musgosa, mesmo fechada, mal se segurava nas dobradiças enferrujadas.

Maleinen tirou de dentro da roupa a lanterna acesa e, tomando a chave do bolso, abriu a porta. Dentro tudo estava vazio. Em outra época lá havia uma imagem e uma lamparina, mas o ícone sumira e os pedaços de vidro, jogados no chão, indicavam que antigamente ali estivera a lamparina.

Quando Maleinen entrou, ouviu-se um chiado surdo e um enorme gato preto pulou do canto escuro. Ao erguer o rabo como um tubo e curvar as costas, o gato olhava para a bruxa com olhos que luziam como carvão. A velha levantou imperiosamente a mão, murmurou algumas palavras e o gato sumiu, não se sabe para onde.

Então Maleinen foi para o canto, espalhou um monte de lixo que escondia o anel da porta de elevação, abriu-a e desceu para a sepultura pela escada abrupta.

A sepultura era de tamanho médio e lá havia dois caixões, forrados antigamente de veludo com galão; mas tudo isso já se tornara vetusto e apodrecera e as tábuas velhas quase se desfaziam.

Havia uma mesa construída de tijolos na cabeceira de um dos caixões, sobre a qual estava um castiçal de sete bocais com velas de cera preta.

A velha acendeu as velas e tirou do casaco um vidro e uma varinha. Borrifou de líquido toda a sepultura e um odor inebriante de enxofre apareceu no ar; depois, postando-se entre os caixões e levantando a mão com a varinha, ela começou a cantar ritmicamente em uma língua desconhecida.

Pouco tempo depois, ouviram-se batidas secas e um estalido; uma névoa preta cobriu tudo por dentro e começou a concentrar-se numa nuvem pequena, da qual, repentinamente, surgiu um pequeno monstro corcunda.

Todo o seu corpo era coberto de pêlo, as plantas dos pés, chatas e largas, pareciam cascos e os pequenos chifres brilhavam em sua cabeça.

Esse monstro asqueroso saltou sobre um dos caixões dispostos ali e sentou-se escarranchado.

— Como vai, comadre? O que você quer de mim? — perguntou ele com selvagem voz desagradável, olhando maliciosa e maldosamente para sua assim chamada "comadre".

— Ah, sei! É tudo para a esposa daquele a quem nós torcemos o pescoço... O que mais quer essa tratante? Casou-se com o seu prometido e não pode exigir mais nada.

Maleinen relatou brevemente o trato que fizera com Kira, relativo a libertá-la da perseguição de Bassarguin. O pequeno monstro escutou-a com atenção.

— Ah, ora! Fez mal em entrar nessa história tola. Você sabe que o patrão não gosta de tais intervenções. Ele jamais dará aquilo que considera seu.

— Ajude-me, Anoelh. Dou-lhe como recompensa uma caneca de sangue de porco.

— Eu gostaria de ajudá-la, mas... o negócio não é muito seguro. Mas, quem sabe? Se você quiser realmente, poderemos tentar. Só que vamos precisar de ajuda. Escolha quem for necessário entre aqueles que estão no porão; então, amanhã à meia-noite, prepare algo para servir e realizaremos o primeiro experimento. Enquanto isso, eu tentarei conseguir arrancar do patrão o que precisamos e já amanhã espero dar-lhe a resposta.

Ele desceu de um salto para o chão. Um estrondo surdo soou, sacudindo a sepultura, e o pequeno monstro desapareceu.

Maleinen apagou as velas, pegou a lanterna e abriu uma porta baixa, feita dentro da parede. A porta estava bem fechada e atrás dela abria-se uma passagem baixa e estreita, mas comprida, que levava ao porão, onde estavam garrafas de todo tamanho. No porão havia uma outra porta, trancada a ferrolho de ferro com um enorme cadeado que a velha abriu.

Atrás dessa porta havia um pequeno porão que dava saída para a cozinha da casa, onde morava Maleinen; mas, antes de partir, ela fechou-a cuidadosamente a até atravancou-a do lado do porão da casa. Quem quer que alugasse a casa depois dela não poderia suspeitar de que lado a lado havia um porão e ainda com tal conteúdo misterioso.

Ao finalizar seus preparativos, a velha dirigiu-se à casa, tomando o mesmo caminho por onde chegara.

A manhã do dia seguinte foi ocupada por preparativos de toda a espécie e por compras.

Depois a bruxa e seu genro tiraram as coisas e abriram a porta que levava ao porão com as garrafas. Levaram para lá algumas cestas grandes cobertas de panos brancos de linho. Pouco antes da meia-noite, Maleinen desceu ao porão, acendeu algumas velas pretas e depois começou a examinar e separar as garrafas.

As vasilhas e seu conteúdo eram impressionantes. As entalhadas tampas vermelhas de madeira com rendas pretas no gargalo imitavam cabeças cornudas de bodes. Dentro das garrafas pareciam estar encerrados pequenos homenzinhos, transparentes e gelatinosos, contudo bastante nítidos; especialmente vivas pareciam as cabeças, com uma expressão detestável e maldosa e olhos brilhantes como fósforos.

A bruxa separou 21 garrafas e colocou-as no meio do porão; depois abriu as cestas onde jaziam leitões, gatos e gralhas.

Os animais pareciam mortos porque não se mexiam, mesmo quando a velha os retirava da cesta e os colocava um a um na frente de cada garrafa; mas, prestando-se maior atenção, poderia notar-se uma respiração pouco perceptível neles.

Durante esses preparativos, dos cantos escuros onde estava o resto dos vasilhames, ouvia-se um rosnar surdo, e, de repente, ressoavam gritos altos, gemidos e um estalido sinistro.

Maleinen num instante endireitou-se e tirou do casaco a varinha; com ela, ameaçou em direção ao barulho que começava e pronunciou uma fórmula mágica.

Ao redor fez-se novamente silêncio.

Depois disso, ela trouxe um pequeno braseiro com carvão aceso e polvilhou-o com um pó que queimou dando estalos, enchendo o porão com cheiro sufocante de enxofre. Na brasa acendeu-se uma chama azul com laivos esverdeados, depois apareceram rolos de fumaça preta e, no mesmo instante, diante da bruxa, surgiu o pequeno monstro do dia anterior.

– Quais são as novidades, Anoelh? – perguntou ela.

Ele fez cara feia.

– Nada concreto, comadre. Ele não estava muito contente, mas também não tinha nada contra. Por isso, se você insistir, então podemos experimentar.

– Sim, vamos. E, para lhe inspirar coragem – porque, apesar dos pesares, conto com sua ajuda –, regalarei bem você.

Ela tirou da cesta um leitão e abateu-o de tal forma que ele nem deu um pio. Derramando o sangue em um vaso de barro, ela o ofereceu a seu hóspede, que seguia seus movimentos com olhos gulosos.

Depois que Anoelh o bebeu até a última gota, aproximou-se da velha, que colocava na frente das garrafas os vasos de barro e vazava neles o sangue dos animais abatidos na hora. Ao terminar, Maleinen soprou o carvão, jogou nele outro punhado de pó e entoou uma canção, alternando-a com fórmulas mágicas.

Pouco a pouco, o fumo denso encheu o porão, ouviu-se um estalo, soaram ruídos parecidos com tiros e gritos selvagens. Quando a fumaça se dissipou, pôde-se verificar que todas as garrafas haviam sido quebradas e ao redor do braseiro reunira-se uma sociedade inteira que avidamente engolia o sangue depositado nos vasos.

Ali estavam representantes de ambos os sexos e de toda posição social: oficiais, padres, civis, comerciantes, camponeses e até damas. Seus rostos mortalmente pálidos refletiam paixões de toda a espécie; mas fora da cor cadavérica e do olhar fixo e diabolicamente maldoso, nada os distinguia de pessoas vivas.

Maleinen continuava cantando; de repente, uma luz relampejou no ar como um raio, uma rajada de vento passou pelo porão e à sua frente apareceu, de surpresa, Bassarguin, espumando e com os olhos brilhando ferozmente.

Tudo indicava que ele estava bastante furioso.

– Não! – rugiu ele. – Não deixarei que ela escape viva das minhas mãos e não permitirei jamais que ela seja libertada!

Os fantasmas lançaram-se sobre ele e tentaram derrubá-lo; nesse momento, Maleinen acercou-se dele aos saltos, tendo a varinha em uma das mãos e o carvão aceso na outra e pretendendo atingi-lo do lado esquerdo. Anoelh também agarrou-se a Bassarguin.

De repente, ele escapou das mãos de seus agressores, elevou-se no ar e transformou-se em uma bola esverdeada e chispante que, em seguida, estourou com um estrondo e Bassarguin desapareceu.

Maleinen disse um palavrão grosseiro, mas, lembrando-se, subitamente, começou a ler as fórmulas mágicas e no final gritou estridentemente:

– Amanhã à meia-noite eu chamo todos vocês para a luta decisiva.

Anoelh e outros fantasmas dissiparam-se no ar, enquanto Maleinen, cercando com um círculo mágico o resto das garrafas, saiu do porão.

– Quem poderia saber que ele tinha tal força? – resmungava ela voltando para casa.

Antes da batalha geral que Maleinen pretendia travar contra as forças do mal, ela ficou em jejum o dia inteiro e fez preparativos especiais.

Ao cair a noite, ela se trancou no segundo quarto e ordenou à sua filha e ao genro que não dormissem, vigiassem rigorosamente a tampa do porão e lessem as fórmulas mágicas, impedindo a saída do mesmo.

Depois de fechar a porta do seu quarto, ela tirou toda a roupa e vestiu somente uma camisola vermelha comprida, soltou seus cabelos grisalhos, mas ainda longos e bastos. Em seguida, acendeu uma braçada de zimbro no forno e colocou no fogo o gume de uma faca grande.

Pôs no trono um sino de cobre em forma de crânio e ao lado colocou uma gaita feita de osso humano. Na frente do forno, pôs em pé a velha cruz de ferro fundido, retirada do túmulo de alguém. Escreveu alguns sinais no quadro-negro, pregou-o no trono, e depois abriu o livro de fórmulas mágicas.

Uma expressão de valentia selvagem fixou-se no rosto da bruxa. Tinha plena consciência de que estava se expondo a um perigo mortal, dispondo-se a salvar Kira. Mas a promessa da rica recompensa seduzira-a e ela estava ávida, tenaz e confiante em suas forças.

Além disso, ela contava com a colaboração daqueles a quem na véspera doara uma força vital que lhes dava a possibilidade de entrar no meio dos vivos.

As pessoas frequentemente dão com esses seres obscuros sem perceberem isso. Os céticos negam tais fenômenos, enquanto "cientistas" ridicularizam tais crenças, porque nem os primeiros nem os segundos compreendem as molas ocultas que movem as forças, ocultas para eles, do mundo do além; do mesmo jeito eles não sabem de onde surgem e onde se metem esses misteriosos e perniciosos seres.

Maleinen lia distintamente as fórmulas mágicas em voz alta; de vez em quando, ela parava, pegava a gaita e soltava um silvo brusco e longo e ao mesmo tempo tocava o sino, acompanhando o silvo. Depois ela jogava galhos no fogo e virava a faca, que já estava vermelha, chegando à incandescência.

Pouco a pouco, todo o quarto começou a estalar, ouviam-se batidas violentas nas paredes e no chão, rajadas de vento frio atravessavam o quarto e quase apagavam as velas; finalmente, brilhou um raio e toda a casa começou a se sacudir como um ribombo de trovão.

Das paredes e do chão saíram sombras escuras que rapidamente se condensaram. Essa turba arrastava Bassarguin, que resistia, debatendo-se, mas mesmo assim ele foi jogado ao chão.

Agora era visível que uma linha vermelho-clara saía pelo lado esquerdo de Bassarguin e perdia-se no espaço. Os seres magros e negros, mas tenazes, agarraram Bassarguin como cobras, apesar de seus esforços encarniçados de libertar-se de suas garras.

Naquele instante, Maleinen tirou do fogo a faca incandescente e lançou-se sobre ele para cortar a ligação misteriosa que o unia a Kira. Mas, nesse instante, aconteceu algo totalmente inesperado e horrível... Do quarto ao lado, ressoou um estrondo de explosão; a porta de entrada acendeu-se como se pegasse fogo e no quarto entrou uma multidão de pessoas e de animais.

À frente de todos estava um cornudo monstro repugnante, com cara de bode, olhos vermelhos como fogo, e asas dentadas e grandes, como de morcego. O monstro brandia o tridente com ar de ameaça e desfazia-se em um maldoso riso diabólico.

– Você ainda está ousando entrar em combate comigo, mulher imprestável?! Ou você esqueceu que é nossa escrava, que não tem nem conhecimentos, nem forças suficientes para nos derrubar?!

O bode negro lançou-se como um raio ao trono, pegou a cruz que estava na frente do forno e cravou-a na bruxa, que caiu com gritos inumanos e ficou, então, pregada no chão. Torrentes de sangue escuro jorraram-lhe da boca e do peito. Nesse instante Bassarguin libertou-se das mãos dos atacantes e sumiu, xingando em voz alta.

Algo inconcebível acontecia nesse momento no quarto. Uma parte do cortejo diabólico lançava-se sobre o corpo imóvel da bruxa, bebia e lambia seu sangue; os ossos da velha estalavam e as línguas de chamas deslizavam pelo cadáver. Os demais quebravam e destruíram tudo que estava no quarto.

Finalmente, a janela abriu-se de par em par ruidosamente e todo o bando diabólico, encabeçado pelo bode negro, como um pé-de-vento, foi levado para o cemitério.

A noite estava deserta nesse reino de mortos. E agora somente o vento gemia lastimosamente e uivava no meio das árvores nuas. Às vezes, a lua aparecia por entre as nuvens cinzas, derramando luz tristonha e sonolenta sobre as cruzes e os monumentos.

Entretanto, se tudo parecia deserto e calmo para o olhar humano, insuficientemente desenvolvido, um vidente perceberia uma vida agitada e sinistra fervilhando ali.

Em todos os lugares acendiam-se centelhas errantes que, em seguida, juntavam-se voando ao redor do cortejo diabólico, que saía voando da casa da bruxa.

O demônio com cara de bode parou e trombeteou sonoramente três vezes numa corneta curva como de caça. Depois se ouviu sua voz surda e rangida.

– Convoco todos vocês, quem está preso aqui e quem a carne impede de sair, prendendo à cova. Vocês que aspiram à liberdade: querem multiplicar os exércitos de Lúcifer? Então se levantem, arrombem seus caixões e derrubem as cruzes fúnebres. Venham os amantes e separados pela morte, vocês que estão ávidos de prazeres e de vingança!...

A multidão em sua volta cantava e uivava, soltando uma chuva de centelhas. Levantou-se um furacão de ruídos selvagens; os gritos e gemidos misturavam-se à canção fúnebre.

Em várias direções brilhava um ziguezague de fogo, os túmulos estalavam e as cruzes balançavam; da terra levantavam-se grandes bolas esverdeadas, amarelas ou pretas.

Essas bolas estouravam ruidosamente, exalando, ao redor, fedor de cadáver e deixando à mostra seres repugnantes com os corpos em decomposição. Seus rostos desfigurados e repelentes refletiam todas as paixões baixas, todos os desejos impuros e a luxúria da carne adorada, que agora, em função disso, prendia-os e causava-lhes sofrimentos horríveis.

Mas, apesar disso, muitos túmulos permaneceram íntegros.

Os que neles haviam sido enterrados não cederam ao apelo satânico. As orações santas e os símbolos detinham uns e protegiam outros.

A geração humana moderna, profundamente ignorante no que se refere ao conhecimento do mundo invisível, e couraçada de incredulidade, repele como desnecessários ou até ridiculariza todos os sacramentos místicos com que a humanidade se envolve constantemente, desde a Antiguidade, nos dois momentos mais importantes da vida humana: o nascimento, ou o surgimento do homem na Terra, vindo das regiões misteriosas, e sua morte, que é a sua volta para o mundo do além.

Entretanto, essas cerimônias e esses sacramentos, estabelecidos pelos luminares maiores do mundo da ciência hermética, têm importância profunda e servem de defesa, tanto para o homem vivo quanto para o espírito livre, contra as forças do mal...

Entretanto, os demônios continuavam sua orgia, libertando dos túmulos as almas fracas e pecadoras para dominá-las e posteriormente induzi-las a novos crimes.

Com gargalhadas e gritos, o monstro diabólico e o seu cortejo recebiam aqueles que saíam de seus sepulcros e reverenciavam-nos.

Porém, de repente, em algum lugar ao longe, um galo cantou.

No mesmo instante, por todos os lugares juntaram-se em nuvens turbilhões de fumaça negra na qual desapareceu o bando diabólico e sinistro.

No dia seguinte, depois da noite de horror, Kira terminava seu café da manhã, quando anunciaram a chegada de Tengren, o genro de Maleinen.

O marquês, sua esposa e a sogra recolheram-se ao gabinete para onde levaram o *tchukonets*.

Ele estava mortalmente pálido, muito emocionado e logo declarou com voz rouca que ele e sua esposa por pouco não haviam morrido na noite anterior. O marquês ofereceu-lhe um copo de vinho para que se revigorasse e pediu que contasse com detalhes tudo o que tinha acontecido.

Concentrando-se, ele começou:

– Ontem à noite, "mamãe" começou a se preparar para o grande encantamento. A senhora se lembra, provavelmente, de que no primeiro quarto há um porão, e no segundo, atrás da cortina, foi feito um trono. Lá, com a nossa ajuda, ela modificou tudo: tirou a cortina, colocou o trono no meio do quarto, pôs diante dele um tapete com sinais estranhos, juntou em torno do tapete cerca de 40 crânios apanhados no cemitério e quatro braseiros novos com zimbro e breu; na frente do forno instalou uma cruz de ferro fundido. Em cima do trono ela colocou um grande livro aberto com fórmulas mágicas, colocou nos castiçais quatro velas negras e três vermelhas; também trouxe dois vasos de barro: um com vinho, outro com trigo em grão. Depois de arranjar tudo isso, "mamãe" cobriu com incenso a tampa do porão, e em cima colocou três tigelas de ferro fundido com zimbro e carvão. Ela nos deu um saco para cada um, um com incenso e outro com zimbro e capins, e ordenou que nos sentássemos ao lado da tampa do porão e que fumássemos sem parar ervas e repetíssemos as fórmulas mágicas que nos obrigou a memorizar com antecedência. "Receiem especialmente adormecer", ela nos avisou, "e não tirem os olhos da tampa do porão para que não saia ninguém de lá; e se algo começar a mexer com a tampa, joguem punhados de incenso e gritem as fórmulas mágicas. No meu quarto não entrem até que o galo comece a cantar, quaisquer que sejam os ruídos vindos de lá que vocês ouçam". Esqueci-me de dizer – continuou Onni – que ela comprou um galo preto e, depois de pô-lo numa gaiola, pendurou-a no segundo quarto ao lado da janela. Por volta da meia-noite, "mamãe" recolheu-se ao seu quarto e fechou a porta, enquanto nos sentamos em nossos lugares e começamos a fumar e ler as fórmulas mágicas, como ela havia ordenado. Mas, pouco a pouco, eu fiquei com tanto sono que meus olhos simplesmente se cerravam e, de repente, vi horrorizado que Catarina estava profundamente adormecida. Quanto a mim, mesmo jogando o incenso no fogo, sentia-me como embriagado: a cabeça estava tonta e eu murmurava algo incompreensível. Se tudo fiz como devia, não sei e não me lembro; estava sentado, como que petrificado, e não conseguia me mexer. De repente, ressoou tal ribombo que até cheguei a pensar que a casa estivesse desabando. Do chão e do porão deslizavam línguas de fogo; a tampa do porão abriu-se por si só com o estrondo e, de baixo, começou a subir uma multidão inteira: homens, mulheres, militares, camponeses e toda a escória. Atrás deles subiam cachorros, gatos, lobos, bodes, ratos, sapos, morcegos e já não me lembro o que mais. Todo esse bando de homens e de animais lançou-se com uivos e gritos para o quarto de "mamãe" e de lá, nesse instante, levantou-se um vozerio e um barulho que eu jamais ouvi. Algo bateu na minha cabeça e eu perdi os sentidos. Quando abri os olhos, Catarina, meio morta de susto, sacudia-me inesperadamente. "Graças a Deus, Onni, você voltou a si. Eu cheguei a pensar que você tivesse morrido. O que foi que nós fizemos? Nós adormecemos e, no entanto, mamãe ordenara rigidamente para que não cochilássemos, e vigiássemos a tampa do porão para que ela não se levantasse. Agora veja, ela está aberta. Ao lado no quarto está um silêncio sepulcral; mamãe não está respondendo, todavia os galos há tempos que cantaram. Eu estou com medo!".

Nessa parte do relato, Tengren começou a tremer e não conseguia falar, de emoção, mas finalmente se refez e prosseguiu:

– "Mamãe" jazia estendida no chão, e no quarto tudo estava revirado, como costumam dizer, de pernas para o ar. Aí eu levei um susto como se fôssemos acusados de assassinato e rapidamente corri para chamar o guarda, o policial e mais duas testemunhas. Nós arrancamos a porta e vimos algo terrível... O trono, as velas, os vasos de barro, tudo fora virado e quebrado; o tapete fora rasgado, o vestido de mamãe fora queimado e ela estava deitada nua, com as costas quebradas e a cabeça torcida para trás... E o mais horrível: ela estava cravada no chão com a cruz de ferro fundido varando-a! Pois, querido senhor, dê-nos o dinheiro prometido, porque "mamãe" cumpriu sua promessa honestamente a até perdeu a vida para servi-los... Quanto a nós, queremos voltar amanhã para casa – terminou o finlandês, enxugando as lágrimas.

Sem dizer nada, o marquês abriu o armário, tirou o dinheiro e entregou-o a Tengren, que, depois disso, foi-se embora.

Todos os três olhavam um para o outro com desespero; Kira, especialmente, ficou abatida. O que lhe aconteceria agora, já que até a bruxa havia morrido?

Somente no dia seguinte, quando o primeiro susto passara, decidiram tomar informações. E se o tchukonets tivesse mentido? Entretanto, verificou-se que ele dissera a verdade e todo o cemitério Volcov falava somente da bruxa que fora sufocada pelo demônio.

E até num jornal de capital saiu posteriormente a notícia da morte misteriosa de uma mulher suspeita, que passava por bruxa.

Capítulo 11

Depois da catástrofe com Maleinen, começou novamente uma época difícil para a família.

Kira perdeu toda a esperança de um dia livrar-se do seu atormentador, cuja presença ela constantemente sentia.

Mais tarde receberam a notícia de que, na noite da terrível morte da bruxa, Nastia fora encontrada morta em sua cama.

Apesar de o médico diagnosticar um enfarte, Kira tinha outra opinião.

Essa nova má notícia lançou-a ao desespero que mais tarde passou à melancolia, causando aos parentes cuidados e ansiedade por seu juízo e sua vida.

Todos esses acontecimentos concluíram a transformação dos conceitos do marquês.

Um materialista por convicção, um cético e um pândego, ele até então estivera firmemente convencido de que toda pessoa "sensata" deveria construir o seu paraíso na terra, por precaução. E, de repente, ele sentia que perdia o chão.

Diante dele abrira-se um mundo diferente com seus segredos sombrios, leis e forças desconhecidas; a existência após a morte do "eu" humano se desvendara com tão torturante clareza, que duvidar e, ainda mais, negá-la já era impossível.

Mas o marquês era uma pessoa inteligente e desenvolvida o bastante que havia sido desorientada pela gangrena da corrupção social, do egoísmo e da pobreza de espírito, mas não se transformara num animal.

Ao chegar à convicção de que, fora dos limites do mundo visível, existia "algo" mais, ele quis estudar o assunto e comprou para si uma biblioteca inteira de livros de espiritismo, de ocultismo, de teosofia e de ciências mágicas.

À medida que, diante dele, desvendava-se o mundo, desconhecido antes e imperceptível ao olho humano, cheio de vida, de atividade e sofrimento, de amor e ódio, de gratidão e vingança; à medida que os mistérios do além e a responsabilidade da alma iluminavam-se sob a nova luz, e, junto com isso, delineavam-se as leis inevitáveis que regiam os destinos dos homens – ele ficava envergonhado pelo seu passado e temia o destino que o esperava, quando chegasse o momento de voltar para o "outro" mundo.

A consequência natural dessa nova noção e dessa inédita disposição foi o juízo severo sobre si mesmo e depois amadureceu a firme decisão de começar uma vida nova.

Pela primeira vez, depois de 15 anos, ele comungava e rezava. Sua união com Kira, ele agora considerava uma predestinação que tinha de levar com resignação; o amor por sua esposa também mudara o seu caráter, tornara-se mais nobre e fora tomado de profunda compaixão.

Se Kira não tivesse recebido uma educação tão superficial, mas tivesse sido educada com um sentimento verdadeiro religioso, ela não teria andado à caça de um noivo na casa da bruxa.

Assim o inverno passava. O marquês observava com medo e ansiedade a extinção rápida de Kira e seu desespero irremediável.

Finalmente, certo dia, ela novamente fez a proposta para seu marido de que se livrasse dela e começasse o divórcio.

– Não, Kira, eu amo você e não a deixarei nunca – respondeu ele definitivamente. – Entretanto, permita-me observar que, entregando-se ao desespero que a oprime ou à indignação que não a leva a nada, você somente está agravando a provação, enviada para nós de cima. A cruz que carregamos é totalmente merecida. Eu, com minha antiga vida de farrista, e você, com sua ação insensata, atraímos as forças maldosas que nos cercam. Reze em lugar de desesperar-se e Deus misericordioso nos mandará Sua salvação, quando menos estivermos esperando.

– Nastia também orava e até se dedicou a Deus, mas mesmo assim pereceu – cochichou Kira.

– Ela foi vítima das forças, cujas leis e ações nós não conhecemos, mas você sobreviveu àquela noite terrível, o que significa que algo resistiu a essa força sinistra que já lhe sufocava. Durante os últimos tempos, eu estudei essas questões enigmáticas e acredito que sei o que exatamente a salvou. Mas gostaria que você se iniciasse nesse conhecimento interessante e profundo; se você consentir em compartilhar o meu trabalho, posso ler, ou nós dois juntos poderemos ler livros sobre essas questões. Então entenderá melhor de que forças malignas você foi vítima e será capaz de procurar de forma consciente o caminho para a salvação.

A partir daquele dia, Kira começou a participar dos estudos do marido e o interesse despertado pelos mistérios estranhos e medonhos do mundo oculto dispersou parcialmente o seu humor sombrio.

No final de março, o marquês recebeu a notícia da morte de sua tia, que lhe deixara uma herança considerável, mas muito complicada. Na opinião do administrador dos bens de Kervadeque, sua presença em Paris seria necessária.

O marquês foi obrigado a viajar e Kira decidiu passar esse tempo no sul da Rússia, num mosteiro de freiras onde tinha uma parenta.

– Vou levar Matriona comigo para que mamãe possa se cuidar e descansar um pouco. Ela, coitada, ficou exausta e enfraquecida – disse Kira com tristeza.

Em meados de abril, Kira chegou ao convento e hospedou-se no hotel do mosteiro. O silêncio profundo do lugar logo lhe fez bem. As relíquias de um santo altamente honrado repousavam na igreja local e Kira especialmente gostava de rezar ao lado da urna sagrada. Nesses momentos parecia-lhe que sentia um sopro quente, e uma tranquilidade serena enchia sua alma sofrida.

Ela decidiu ficar no mosteiro algumas semanas. Kira se sentia melhor e, às vezes, algo parecido com uma vaga esperança despertava no seu espírito.

Desde que viera morar no mosteiro, a presença do fantasma e o cheiro de cadáver não mais a haviam perturbado.

A parenta de Kira, a tesoureira do mosteiro, era mulher profundamente religiosa, ativa e, além disso, tinha grande experiência de vida. Mesmo que a madre Porfíria não soubesse de toda a verdade, sentia compaixão sincera e profunda para com a mulher jovem, bonita e rica, porém, pelo visto, muito infeliz. Por sua vez, Kira também se apegara à freira bondosa e amável.

Um certo dia, durante uma conversa íntima, ela revelou-lhe seu segredo. No primeiro momento, madre Porfíria ficou apavorada; depois, pôs-se a meditar e, finalmente, benzendo-se, disse:

— Você pecou terrivelmente e foi punida cruelmente, mas a misericórdia divina para com um pecador arrependido é inesgotável. Muitos possessos e enfeitiçados receberam a cura ao lado das relíquias do Santo. Passe três noites seguidas ao lado da urna sagrada do reverendo e reze de todo coração pela sua ajuda; pode ser que ele lhe conceda.

— Sim. Seguirei o seu conselho, madre. Só que... tenho medo de ficar na igreja sozinha à noite, pois passei por muita coisa que me atormenta — respondeu Kira, estremecendo.

— Eu própria sou muito velha e fraca para passar a noite em claro, mas mandarei com você a irmã Varvara. Ela é uma moça forte, corajosa e profundamente religiosa.

No dia seguinte, Kira ficou em jejum, comeu somente pão eucarístico e tomou água do poço, feito pelas próprias mãos do reverendo e considerado sagrado. Ao anoitecer, ela e a irmã Varvara dirigiram-se à igreja, já fechada para pessoas de fora.

Dentro estava totalmente escuro; somente a vela colocada por Kira ao lado da urna sagrada e algumas lamparinas lançavam luz fraca na sala espaçosa, cuja parte remota mergulhava nas trevas.

Kira estava tão pálida e o medo se refletia tão claramente no seu rosto, que irmã Varvara achou necessário animá-la.

– Não tenha medo, oraremos juntas. Aqui nós estamos protegidas pelo Santo, então, o que temos a temer? A força de Deus é infinitamente mais poderosa que a força satânica.

Durante duas horas tudo andou maravilhosamente bem.

A freira lia comovida, à meia-voz, as orações, enquanto Kira a escutava e também rezava assiduamente. Já batera meia-noite na torre do mosteiro, quando, de repente, Kira percebeu que à sua volta estava totalmente silencioso. Ela olhou para a freira e ficou morta de medo. Ao se abaixar nos degraus da urna sagrada, percebeu que a irmã Varvara estava dormindo e não acordava, apesar de todos os seus esforços; enquanto isso, o leve estalido conhecido, vindo de algum lugar, e a rajada de ar frio que soprou no seu rosto indicavam a aproximação do temível fantasma.

De repente, numa janela alta da igreja, brilhou um raio de luz vermelha, iluminando, com o reflexo cor de sangue, as lajes do chão. Logo depois, ao lado de Kira, esse raio elevou-se em nuvens de fumaça, formando rapidamente a figura de um homem, e nesse fundo purpúreo, como no clarão de um incêndio, apareceu Bassarguin. Seu rosto mortalmente pálido expressava um sacrifício indizível.

Enlouquecendo de horror, Kira caiu ajoelhada, apertou-se contra o ataúde do reverendo e agarrou-se ao manto com as mãos.

– Deus benevolente, oh, grande Santo de Deus, sob o amparo de quem estou, perdoe-me. Envie-me a morte pelos meus pecados, acabe com o meu sofrimento – sussurrava ela, fora de si.

Estendendo as mãos em direção ao fantasma, ela prosseguiu com a voz surda:

– Perdoe-me, Alexei! Tenha piedade de mim! É melhor que você me mate, mas não me torture...

O rosto do fantasma desfigurou-se doridamente e a voz surda, como se estivesse longe, ressoou:

– Forçam-me a perseguir e matar você, mas... eu não quero nem a sua morte, nem o seu sofrimento... Eu espero romper esses horríveis laços malditos que nos ligam... Aqui eu posso falar a verdade... Escute! Procure um circassiano[1] que se chama Chepso... Ele é o único que pode nos libertar.

Kira, paralisada, o escutava; o pavor que a dominava começou a diminuir.

De repente, ela viu que um vapor prateado saía da urna sagrada, tornava-se mais denso e no fundo dessa nuvem clara nitidamente desenhava-se a silhueta de uma mão transparente que desenhava no ar, em direção ao espírito sofredor, uma cruz resplandecente.

No rosto do fantasma logo apareceu uma expressão de alegria e alívio e ele próprio parecia ajoelhar-se. A visão começou a descorar e a dissolver-se, o raio de luz vermelha se apagou e a escuridão caiu novamente ao seu redor. Mas Kira estava totalmente esgotada. Os olhos dela fecharam-se e ela desmaiou...

O toque da toalha molhada com que a irmã Varvara esfregou o rosto de Kira fê-la recobrar os sentidos. A freira ficara envergonhada por haver adormecido e, como Kira não dissera nada sobre a visão, ela atribuíra o desmaio ao cansaço da viúva de Bassarguin; assim, levara-a para casa e pusera-a para dormir na cama.

Quando, mais tarde, madre Porfíria passou no seu quarto para visitá-la, Kira, que se lembrava perfeitamente da visão, contou tudo o que acontecera à noite.

---

[1] Pertencente ou relativo à Circássia (região ao norte do Cáucaso).

— Alexei mencionou um circassiano chamado Chepso, a quem devo procurar e que é o único que pode nos livrar um do outro. Mas como posso achá-lo se nem sei onde ele mora? Ele morrerá antes que eu o encontre – conclui a jovem tristemente.

A freira ficou pensativa.

— Se o espírito sofredor do seu marido pôde indicar essa pessoa na igreja, ao lado da urna sagrada do reverendo, isso significa que permitiu fazê-lo. Por isso, tem de esperar que a misericórdia de Deus acabe com seus sofrimentos e os da sua vítima inocente; nesse caso, o próprio Santo ajudará você a encontrar Chepso e romper a ligação diabólica com que a maldita bruxa prendeu vocês.

Os dois dias posteriores a esse acontecimento passaram tranquilamente. Kira rezava várias horas diariamente ao lado da urna sagrada, mas não queria de jeito nenhum passar mais uma vez a noite na igreja.

Na manhã seguinte, Kira acabara de se levantar, quando em seu quarto entrou madre Porfíria com ar de preocupação.

— Trouxe para você notícias sobre Chepso – disse ela, ao se sentar. — Não lhe disse que a ajuda viria sem falta?

Então ela contou a Kira, ruborizada de alegria, que, entre peregrinos, encontrara uma que era do Cáucaso e que adoecera e fora parar no hospital do mosteiro. A madre pensara em conseguir alguma informação sobre Chepso, ora com um bruxo ora com um curandeiro. Então na véspera, à noite, a madre visitara-a.

Depois de pensar um pouco, a peregrina respondera que realmente ouvira sua irmã falar sobre um circassiano a contar a respeito de alguns acontecimentos extraordinários ocorridos com ele. Ela não sabia onde ele estava, mas quem sabia era a irmã dela, que morava em Stávropol.

— Isto é para você: o endereço da irmã da senhora Topoleva. Agora só resta ir a Stávropol e você saberá tudo – disse madre Porfíria, satisfeita.

Kira agradeceu cordialmente, deu-lhe um beijo caloroso e decidiu viajar imediatamente para Stávropol com Matriona.

A esperança novamente nascia no coração dela, despertando energia e atividade. Ela até decidiu não escrever para sua mãe, nem para o marido antes de falar com Chepso.

Ao chegar a Stávropol, Kira imediatamente achou Nina Alexandrovna Topoleva. Ela era uma mulher bonita, de meia-idade, procedente de topo georgiano; era casada com um militar de logística de pouca importância, mas parecia viver com certa abastança.

Mesmo ficando surpresa, ela recebeu gentilmente Kira, que lhe contou que era vítima de um mal, ou bruxaria, que estava sendo perseguida e torturada por um espírito mau, e que durante a peregrinação ao mosteiro, ela sonhara com um velho, que lhe indicara um tal Chepso, circassiano, que poderia ajudá-la. Depois, por um acaso estranho, por intermédio da irmã de Topoleva, ela soubera que tal homem realmente existia e que Nina Alexandrovna sabia onde ele morava.

Ao ouvir o nome "Chepso", Nina Alexandrovna animou-se, mostrou muito interesse por Kira e expressou a convicção de que, se alguém poderia ajudá-la, seria uma pessoa tão singular quanto ele; depois, ela contou tudo que sabia sobre o circassiano.

— Ela está morando numa aldeia nos arredores de Vladicáucaso. Tudo que sei sobre ele é o que me contou minha prima Quetevana, cuja mãe é também da mesma aldeia. Ela contou que ele é conhecido já há mais de 150 anos, e, no entanto, aparenta 30 anos, não mais. O bisavô de Quetevana, que morreu há quase 90 anos, tinha-o conhecido jovem como agora. Às vezes ele desaparece misteriosamente durante um ano inteiro, não se sabe para onde; mas as pessoas que o observam dizem que ele tem viajado para a Índia. Sua força milagrosa realmente é grande. Ele convoca espíritos, profetiza o futuro e sabe todos os mistérios profundos do passado; além disso, ele entende a língua dos animais; os animais selvagens tremem perante ele e fogem do seu olhar.

Kira ficou impressionada com aqueles relatos e não sabia o que pensar, mas queria acreditar de todo o coração, pois quanto mais poderes tivesse Chepso, tanto mais haveria a esperança de que ele a salvasse.

Graças às indicações de Nina Alexandrovna e com a ajuda da sua prima Quetevana, a quem Topoleva mandara uma carta com um pedido de auxílio, Kira achou um guia de confiança para que a acompanhasse até a aldeia de Chepso.

Ela deixou Matriona na cidade e partiu a cavalo junto com o guia, um velho circassiano, de barba grisalha e de aparência imponente.

A viagem mantinha-a agitada. Sentia-se tonta subindo as montanhas, pela trilha estreita ao longo dos abismos profundos; entretanto, ela lutava energicamente contra sua fraqueza e seu medo.

Depois, pouco a pouco, a incrível confiança do cavalo acalmou-a e quando, depois do meio-dia, eles chegaram à aldeia, que se situava nas rochas, como um ninho de águia, o próprio velho guia elogiou sua valentia, dizendo que ela era corajosa como uma verdadeira circassiana.

Chepso morava numa sáclia[2] isolada, à beira de um abismo profundo. Um jovem circassiano que estava sentado em frente à entrada e limpava a arma correu para avisar sobre a chegada deles.

Pálida e cansada de emoção, Kira desceu do cavalo. Nesse instante, na entrada da sáclia apareceu o próprio dono da casa. Era um homem alto, magro e bem proporcionado; seu rosto pálido com feições regulares era emoldurado por uma pontuda barbicha preta como azeviche. Ao seu olhar de grandes olhos brilhantes era difícil de resistir; esse olhar parecia penetrar aquele a quem era dirigido.

Ele usava roupas tradicionais circassianas: uma papakha[3] branca na cabeça; um grande punhal, com a empunhadura guarnecida com luxo, estava pendurado em seu cinto ornado de prata.

---

[2] Casa dos montanheses do Cáucaso.
[3] Gorro alto de pele.

Chepso dirigiu olhares perscrutadores à sua visitante e perguntou ao guia alguma coisa à meia-voz; depois, com um movimento de mão, convidou gentilmente Kira para que entrasse na sáclia.

As pernas fraquejavam e um tremor percorreu seu corpo quando ela entrou num quarto de tamanho médio, com o chão coberto por um tapete macio. Um tecido oriental bordado cobria as paredes, decoradas com armas, enquanto montes de almofadas se formavam por toda parte, fazendo as vezes de divãs. Numa mesinha baixa, na frente de um divã, havia um vaso maravilhosamente incrustado, dois pequenos copos de prata e uma cesta clara com frutas secas.

Fazendo sua visita sentar, o dono da casa começou a falar em russo, mas com um forte sotaque oriental.

– Fale: o que está precisando? Se puder ajudar, farei isso com prazer.

Kira contou, em poucas palavras, sua triste história em voz baixa e intermitente e lembrou que a indicação do fantasma a levara até ali.

Ela falava, abaixando a cabeça, deprimida de vergonha e de remorsos. Mas, quando ao terminar o seu relato, ela ergueu os olhos, o olhar do circassiano, que brilhava com uma poderosa força de convicção, deixou-a estupefata: um sorriso bondoso vagueava em seu rosto, dando-lhe uma atração encantadora.

No íntimo de Kira crescia a convicção de que aquele homem misterioso realmente iria salvá-la. Sob a influência de um ímpeto súbito, Kira ajoelhou-se e estendeu as mãos, implorando:

– Tenha piedade, Chepso – pediu ela com ímpeto. – Salve-me... Eu lhe dou tudo que pedir.

O circassiano levantou-a rapidamente e a fez sentar.

– Acalme-se, mulher infeliz. Será salva, eu prometo! Agora tem de revigorar suas forças, depois levarei a senhora para a casa de uma família que eu conheço, onde a senhora poderá comer e dormir. A senhora precisa ser muito forte, pois hoje à noite teremos de trabalhar muito.

Ele saiu do quarto e rapidamente voltou com dois frascos de cristal e um copo. Depois de encher o copo até o meio com um líquido amarelo de um dos frascos, ele o deu para que Kira o tomasse; com o líquido do outro vidro, ele umedeceu uma tolha e esfregou o rosto e as mãos dela.

Um calor agradável derramou-se sobre o corpo de Kira, e um sentimento de paz e beatitude abarcou sua alma.

Depois disso, Chepso a levou à sáclia vizinha, onde já estava o velho guia com seus cavalos. Uma mulher idosa, com roupas limpas e com a cabeça coberta com um lenço branco de seda, encontrou Kira e ofereceu-lhe pilav,[4] legumes e frutas. Quase que pela primeira vez durante o ano inteiro, Kira sentiu fome e comeu com apetite.

Em seguida, a circassiana ajudou a hóspede a se deitar nas almofadas, cobrindo-a com um cobertor de seda, e ela imediatamente caiu em um sono profundo e benéfico.

Era cerca de meia-noite quando Chepso veio buscar Kira. Eles foram para a sáclia dele, mas dessa vez entraram na sala de trabalho, cuja decoração despertou o vivo interesse de Kira. Essa sala era mais espaçosa do que a primeira em que haviam estado pela manhã.

No meio do piso de azulejo fora incrustado um brilhante disco metálico – parecia aço, pelos laivos azulados – contornado por vários círculos de cores diferentes. Na mesa havia uma bacia de prata com água, coberta com tecido vermelho; num armário de vidro viam-se vidros e garrafas diversas, pacotes e tufos de plantas secas. Num quadro encostado à parede, estavam pendurados punhais de tamanhos diferentes e uma espada comprida com um ponto vermelho. Havia tripés nos cantos; um ídolo indiano de muitas mãos aparecia atrás da cortina, tendo em cada mão uma vela de cor diferente: azul, vermelha, verde, amarela, laranja.

Sentia-se na sala um cheiro forte, mas vivificante. Chepso mandou que Kira ficasse ao lado da mesa coberta com o pano vermelho, cercou-a com um arco de ferro com os símbolos

---
[4] Prato nacional preparado com arroz, carne e espécies.

cabalísticos e dentro dele colocou 40 velas acesas e pediu amigavelmente a Kira que não se mexesse e, o mais importante, que não tivesse medo. Kira fez um aceno afirmativo com a cabeça. Realmente, sentiu uma confiança tão forte na força e no poder daquele homem admirável, que todo o medo passou.

    Entrementes, Chepso acendeu o fogo nos tripés e, ficando em cima do disco metálico, tirou do casaco um bastão com sete nós. Depois de fazer reverências para os quatro lados, ele fez, com o bastão mágico, sinais cabalísticos sobre sua cabeça, os quais se acenderam de fogo fosfórico; em seguida, começou a cantar uma canção em uma língua desconhecida, ora em ritmo arrastado, ora acelerado.

    Dos tripés levantava-se a fumaça em espiral, enchendo o quarto de uma névoa ligeira acinzentada e transparente; ao mesmo tempo ouvia-se um ruído vago, parecido com o estalo de folhas secas, e as paredes do quarto pareciam começar a afastar-se e a desaparecer no espaço brumoso; de repente tudo começou a escurecer...

    Quando a luz se acendeu novamente, Kira, horrorizada, viu que, em volta do mago, aglomerava-se uma multidão inteira: uns vestidos com casacos circassianos e com papakha, outros com turbantes brancos na cabeça.

    Todos eles pareciam pessoas verdadeiras, de tanto que seus rostos estavam vivos, seus olhos brilhavam e seus corpos pareciam densos; contudo, seus pés não tocavam o chão e seus movimentos admiravelmente leves diferenciavam-nos dos seres vivos.

    A multidão agitava-se, movimentava-se e bracejava, falando uma língua desconhecida para Kira. Chepso parecia dar ordens e receber as respostas.

    De súbito, a multidão afastou-se, começou a empalidecer e desapareceu na névoa; ao mesmo tempo, o fogo se apagou subitamente em todos os tripés.

    Naquele momento, Chepso tomou da mesa uma grande vela de cera vermelha, coberta com alguns símbolos dourados e pretos, fez Kira sair do círculo, deu-lhe a vela e, depois de cobrir-lhe a cabeça com o pedaço de tecido vermelho, mandou que o seguisse; ao mesmo tempo, ele próprio levava uma cesta com algo, coberto por um pano.

Ao sair da casa, eles contornaram uma rocha, andando à beira do precipício, e pararam num ressalto sobre o abismo. Ao lado, dentro da rocha, havia um nicho, sobre o qual fora talhado um crucifixo, coroado por um triângulo – o mesmo sinal havia na terra diante da entrada. As duas tochas fumegantes, ao lado, iluminavam a gruta com luz avermelhada.

Chepso ordenou que Kira se ajoelhasse na gruta; sobre sua cabeça, coberta pelo pano vermelho, ele colocou uma bolinha de alcatrão e acendeu-a.

– Não deixe escapar das mãos, segure firme a vela, independentemente do que você veja. Não tenha medo. Junto a mim, nenhum perigo ameaçará a senhora – disse ele.

Era uma noite escura, mas serena e perfumada; as estrelas radiantes brilhavam intensamente no azul-escuro do céu, e a lua parecia uma foice dourada, pendurada sobre a terra.

Quando Kira entrou no nicho, apareceu um jovem que ela já havia visto chegar à aldeia, que se chamava Gassan e a quem ela considerava o discípulo do mago.

Bem na beira do abismo, de cujo fundo ouvia-se rugido do caudal da montanha, havia um bloco de forma cúbica de basalto, como se fosse uma pedra de sacrifício; em cima, num poste, estava pendurado um sino.

Vestindo uma camisa longa e branca e cingido do cinto de prata, Gassan imediatamente começou a colocar o carvalho e os pedaços de madeira resinosa, regando tudo com breu; colocou em cima um triângulo de ferro e acendeu a fogueira.

No mesmo instante, Chepso tirou da cesta um arco e sete setas que enfiou em triângulo, de tal modo que as pontas ficaram dirigidas ao fogo; depois, ele tirou mais uma nova faca, cujo gume brilhava à luz da fogueira, irisando.

Tomando uma zurna[5] em suas mãos e acompanhando-se, ele começou a cantar uma canção muito sombria e arrastada;

---
[5] Instrumento musical de cordas circassiano.

Gassan ao mesmo tempo tangia lentamente o sino, cujo repique estridente fazia com que cada nervo tremesse.

Depois de algum tempo, ao longe, ouviu-se um barulho surdo que aumentava a cada minuto. No início, parecia um estrondo de carroças carregadas, um tropel de centenas de cavalos e o tinido de correntes; depois, ouviram-se gritos selvagens, alternados com gemidos lastimosos, um rugido animal e explosões de gargalhadas diabólicas. Finalmente, começou a se ouvir um canto, ora sombrio, fúnebre, ora alegre, de casamento.

Do fundo do abismo pôs-se a brilhar uma luz clara e vermelha como o clarão de um incêndio. Chepso levantou a mão com a faca e fez no ar um sinal; logo, uma cruz enorme e vermelha, que brilhava com luz fosfórica, apareceu sobre o abismo; na escuridão apareceram aqueles seres que Kira tinha visto no laboratório do mago. Eles carregavam uma sombra negra que tentava se livrar e gritava furiosamente, como se estivesse viva. Era um fantasma repugnante, meio mulher, meio cabra, cujas pernas terminavam em casco e cujas mãos acabavam em garras. Apesar do rosto esverdeado, desfigurado de raiva, meio coberto pela melena despenteada e grisalha, Kira reconheceu Maleinen.

Os chifres recurvados elevavam-se sobre sua fronte, e seus olhos injetados de sangue e saindo das órbitas ardiam de ódio, puramente diabólico; as rochas que a cercavam pareciam tremer ao seu grito selvagem e pelos seus sacrilégios horríveis, de tal modo que Kira depois se surpreendeu de como ela conseguia passar por aquilo tudo sem enlouquecer...

Agora, Chepso novamente desenhava no ar sinais cabalísticos com seu bastão e pronunciava fórmulas mágicas com voz retumbante que cobria todo aquele alarido.

Depois de agarrar o arco, ele colocou e disparou uma seta com ponta incandescente, que penetrou no peito da bruxa. Do mesmo modo, ele disparou o restante das setas, que vararam os chifres, as garras e os cascos do monstro, e sempre que ele fazia isso, ouviam-se explosões surdas.

À medida que as setas incandescentes penetravam nos atributos diabólicos da bruxa, o corpo monstruoso de Maleinen transformava-se estranhamente, contraindo-se e alongando-se. E já uma hiena eriçada, com olhos ferozes e ardentes, estava no lugar dela. Uma espuma sangrenta escorria de sua goela aberta. Sobre sua cabeça começou a brilhar uma estrelinha clara, sinal visível de sua dignidade humana de outrora.

Chepso continuava a ler, meio cantando, suas fórmulas mágicas, olhando, com ar de ameaça e de modo autoritário, para o animal repugnante que se arrastava para o seu senhor com bramido surdo. Mas, de súbito, a hiena saltou para o lado e desapareceu em uma fissura da rocha.

Chepso pegou então a faca mágica, levou-a à incandescência na fogueira e começou a bater por cima da faca com o martelo. Depois de cada batida no gume aparecia um sinal misterioso que luzia; com a última batida, repentinamente, o fogo se apagou e tudo mergulhou na escuridão e no silêncio. Depois pegou a vela das mãos de Kira, meio morta de medo, apagou-a, como também a bolinha que ardia na cabeça dela, e quando voltaram para casa, esfregou o rosto e as mãos dela com uma toalha molhada. Depois disso, Gassan levou-a novamente para os vizinhos, onde ela caiu de cansaço no sofá e logo adormeceu.

Quando Kira acordou, a dona da casa, sorrindo, disse que ela dormira durante 12 horas e ofereceu sua ajuda para que se vestisse, porque Chepso a esperava. Kira vestiu-se rapidamente.

Havia tempo que ela não se sentia tão cheia de vida e forças como naquele momento; a consciência de que estava salva enchia-lhe a alma de um sentimento de alegria indescritível.

Kira achou Chepso sentado à mesinha baixa na primeira sala, em cima da qual estava um porta-jóias aberto. Ele recebeu sua visita com um sorriso amável e fê-la sentar; mas Kira, num arroubo de gratidão, ajoelhou-se e agradeceu ardentemente pela sua libertação. Depois, ela apanhou de sua carteira, que trouxera escondida no peito, uma boa quantidade de dinheiro.

— Obrigado, senhora — disse Chepso. — Porém, ainda não está tudo terminado. Mas, para se livrar completamente, a senhora mesma tem de fazer o resto.

Ao ver a confusão de Kira, ele acrescentou:

— A senhora própria terá de cortar a ligação que a prende ao marido falecido. Eu darei as instruções necessárias; lá no porta-jóias está tudo o que vai precisar. Não perca tempo, porque daqui a 40 dias deve acabar com tudo, ou então ele novamente a dominará.

— Mas o que eu preciso fazer? — perguntou ela, assustada.

— À noite, deve abrir o caixão do seu marido. Mas, antes de começar, a senhora deve passar em todo o corpo aquela droga que está no vidro vermelho e tomar aquela que está no vidro azul, o vinho que preparei para lhe inspirar coragem. Depois, fixe e acenda em volta do caixão estas sete velas: uma na cabeceira e três de cada lado. Pegue a faca mágica que hoje preparei na sua presença e enfie no coração do falecido; depois a mande de volta para mim. Deve colocá-la no lenço de seda em que agora a senhora está enrolada, como pode ver; quanto às velas, derrube-as no caixão, que precisa fechar e daí em diante nunca mais abrir. O vestido e tudo o que tiver no corpo, então, queime.

Kira ficou como morta, ao escutá-lo. Só em pensar no que teria pela frente para fazer, seus cabelos se arrepiavam na cabeça.

— Será que meu marido pode me ajudar? — murmurou ela.

— É lógico, tem de ajudá-la. Depois vocês terão de encontrar o padre para que case novamente vocês na igreja, porque o primeiro casamento não vale. Só que, senhora, deve se apressar! Quarenta dias não é um prazo longo para chegar lá e arranjar tudo.

Despedindo-se de Chepso, Kira partiu, levando o porta-jóias consigo.

Ao chegar em Vladicáucaso, ela telegrafou para sua mãe, avisando sobre sua chegada, e para seu marido, pedindo que voltasse para São Petersburgo sem demora.

Capítulo 12

Ao encontro de Kira na estação de trem, foram sua mãe e seu marido, que, de manhã, acabara de chegar de Paris, preocupado com a chamada inesperada da esposa.

A esposa do general e o marquês surpreenderam-se com a mudança favorável do aspecto de Kira.

A cor amarelo-lívida e o olhar apagado e cansado haviam desaparecido; ela possuía uma cor deslumbrante de frescura, os olhos brilhavam, seu andar era animado e seguro.

– Aconteceu um milagre? – perguntou ao seu ouvido o marido, abraçando-a carinhosamente.

– Sim, a libertação que se aproxima. Mas ainda resta-nos muita coisa horrível – respondeu Kira com a voz trêmula.

Em casa, ela relatou com detalhes tudo o que lhe acontecera no mosteiro e na casa de Chepso; depois descreveu a horrível cena noturna e explicou as indicações do circassiano de como destruir a última ligação com o fantasma.

– Mas como fazer para que possamos abrir o caixão de Alexei e realizar o rito prescrito e bastante complicado? No cemitério do mosteiro isso é impossível. E não cumprir as indicações de Chepso significará ir para a morte certa – disse Kira, emocionada. – Tudo deve ser feito do modo como ele disse. Chepso é um verdadeiro mágico e eu, claro, não vou arriscar a nossa felicidade alcançada a preço tão alto. Nesse caso resta-nos achar o meio de cumprir tudo o que lhe mandaram.

O marquês ficou pensativo e de repente exclamou alegremente:

– Já sei! Algum tempo atrás, eu e Alexei caçávamos na sua estância na região de Tula, quando visitei a sepultura familiar, onde haviam sido enterrados seu pai, sua mãe e outros parentes. Vamos transferir para lá o corpo, e como o lugar do túmulo é bastante deserto, nós teremos a possibilidade de fazer tudo o que precisamos. Mas não podemos perder tempo e já amanhã vou apresentar um requerimento para transferir os restos.

O marquês começou a trabalhar com energia e, como não poupava dinheiro, e com a ajuda de relações influentes, tudo se realizava sem demora.

Mas, à medida que se aproximava o momento decisivo, a coragem de Kira enfraquecia e o medo do que teria de fazer deixava-a sem forças. Chegava o último ato do drama infernal, que abrira um pouco do misterioso mundo medonho e desconhecido, fechado para as pessoas com cortina, graças à misericórdia e à providência divinas.

O próprio marquês se sentia mal. Ele lera com atenção o procedimento do ritual prescrito por Chepso e sentira um tremor ao pensar que ele e Kira ficariam face a face com o temível falecido. Mesmo assim, sorumbático e nervoso, o jovem casal preparava-se decididamente para a viagem.

Mas que alegria e surpresa eles tiveram, quando na véspera da partida chegou Gassan. Contente e alegre, o jovem circassiano anunciou que fora enviado pelo seu mestre, que tinha receio de que eles fizessem algo errado por causa do medo.

O marquês e sua esposa ficaram, claro, entusiasmados com isso. O rosto inteligente e enérgico de Gassan inspirava-lhes coragem. Sob a direção do discípulo de Chepso, experiente e ágil em coisas ocultas, eles poderiam ficar seguros de que tudo aconteceria como tinha sido prescrito.

Eles cumularam o jovem de presentes e cercaram-no de atenções; ao mesmo tempo, rapidamente se habituaram à sua linguagem, misturada com muitas palavras georgianas e turcas.

Chegaram ao seu destino animados e com as esperanças infundidas. O ritual mágico estava marcado por Gassan para a noite seguinte depois de sua chegada e ele imediatamente examinou a sepultura larga e forte, onde já havia seis caixões, sem contar o de Bassarguin, colocado recentemente. Havia uma capela sobre a sepultura, bastante abandonada, mas mesmo assim construída com tijolos.

Por volta da meia-noite, os três dirigiram-se à capela. Gassan carregava um saco grande, o marquês outro, menor; os dois estavam cheios de coisas variadas trazidas pelo circassiano.

Kira estava branca como papel; o marquês também tinha um aspecto bastante desconcertado. Ao descer a escada para a sepultura, ele resmungou:

– Maldito seja eu, se mais uma vez na vida me meter com essa coisa de demônios.

Logo que as portas de entrada foram fechadas à chave, Gassan começou os preparativos. O que ele fez primeiro foi encher um cálice com um líquido vermelho, que trouxera em um frasco chato, e oferecê-lo a Kira, que tremia como se tivesse febre, e ao marquês. Depois, tirou do saco uma nova bacia metálica, dois tripés, tufos de ervas e ramos de árvore resinosa, três saquinhos com pó, velas de cera e um livro grande de capa de couro.

O caixão de Bassarguin estava afastado dos outros, quase no meio da sepultura. Depois de cantar à meia-voz uma canção suave, Gassan contornou a eles e ao caixão com três círculos: um azul, um vermelho e um preto. Depois, abriu a tampa do caixão, retirou o tule que cobria o corpo e colocou as velas de cera nas extremidades do caixão.

Colocou na cabeceira e nos pés do caixão os tripés com carvão, cobriu o carvão com ervas, pó e os acendeu. Esvaziou na bacia o conteúdo do vidro que também trouxera consigo, cobriu a bacia com lenço de seda, colocando transversalmente a faca mágica.

Kira olhou para o rosto do falecido, agora descoberto e bem iluminado com luz trêmula das velas de cera, e sentiu aflição e arrependimento. Embora houvessem passado quase dois anos da morte de Alexei Arkadievitch, seu corpo não se decompusera e parecia adormecido; somente a pele tomara uma coloração esverdeada, e uma expressão de sofrimento indescritível fixara-se no seu rosto.

Entretanto, tudo o que acontecia à sua volta tirava Kira da meditação. Já aos primeiros preparativos de Gassan, ouviam-se cada vez mais fortes estalidos, depois batidas fortes no chão e nas paredes.

Lá fora, começou uma tempestade. O vento uivava e silvava, balançando as árvores seculares do pomar; as paredes tremiam, uma fortíssima chuva de pedra batia sobre o telhado e as rajadas violentas da tempestade por pouco não derrubavam a capela antiga.

Entretato, os elementos desencadeados vinham acompanhados de um ruído completamente diferente. No início, ao redor da capela, ouviram-se o uivo de lobos, o latido de cães e o miado de gatos; depois começaram furiosamente a arranhar a porta, como se tentassem arrombá-la; por dentro da sepultura turbilhonavam as rajadas de vento gelado.

Os velhos caixões estalavam e por pouco não se faziam em pedaços. Centelhas estranhas, verdes, azuis, vermelhas, amarelas, surgiam momentaneamente nas paredes e giravam no ar.

De repente, de um canto escuro apareceu a hiena que Kira já vira quando estava com Chepso. Ela arrastou-se de barriga até o círculo mágico. O monstro tinha uma expressão totalmente humana. Era quase o rosto de Maleinen, mas ao mesmo tempo o focinho de uma fera; uma espuma sangrenta pingava da goela aberta, com dentes brancos e afiados.

Horrorizada, Kira agarrou-se à mão de Gassan.

– Não tenha medo. Olhe. Veja, o mestre nos guarda e detém esta besta sórdida – disse o circassiano.

Nesse momento, Kira e seu marido viram que no fundo do subterrâneo, atrás do animal temível, surgira uma luz azulada. As paredes como que desapareciam; uma larga faixa clara estendia-se ao longe e lá, como uma visão, mas bastante nítida, via-se uma plataforma de rocha sobre um abismo. Chepso estava ao lado da pedra de basalto, rodeado de uma chuva de centelhas, com a mão estendida na direção deles e armada com o bastão mágico.

Gassan aproximou-se do caixão, cortou rapidamente as vestes do falecido, desnudou-lhe o peito e um triângulo invertido, vermelho e preto, apareceu no corpo embaixo da roupa.

Nesse instante, algo inimaginável acontecia na capela, sobre suas cabeças. As abóbadas tremiam ao tropel da centena de pés e cascos. Gritos incoerentes, prantos e uma gargalhada selvagem e estrondosa misturavam-se com o tristonho canto fúnebre ou a alegre canção de casamento. Fora do círculo, raios atravessavam o ar e, lá fora, a tempestade urrava e a terra tremia aos ribombos horríveis da trovoada.

Extremamente pálido e coberto de suor, o marquês esperava a cada momento que a capela desabasse. Uma ruga profunda apareceu na fronte queimada do circassiano, mas sua tranquilidade poderosa não enfraquecia.

Sem tirar os olhos do livro que o marquês segurava à sua frente, ele lia em voz alta as fórmulas mágicas e sua voz retumbante cobria o ruído. Erguendo e sacudindo o bastão com a mão, ele dominava imperiosamente o caos que ocorria ao seu redor; seus olhos brilhavam e os cabelos curtos na sua cabeça faiscavam.

O *sabat* diabólico conseguia, aparentemente, seu apogeu.

De repente, Gassan pegou a faca mágica e colocou-a na mão de Kira.

– Seja corajosa! Não desanime, ou tudo estará perdido! Trata-se da sua vida! – dizia ele energicamente. – Enfie a faca até o cabo no meio do sinal que está no peito.

Kira semicerrou os olhos de medo por um momento. Uma rajada de ar frio e fétido bateu em seu rosto, enquanto, ao redor do círculo mágico que os protegia, tudo começava a balançar, silvar e uivar.

Gassan apertou sua mão até doer e a empurrou em direção ao caixão.

– Rápido! Rápido! Cada momento é valioso – murmurou ele, com voz autoritária e surda.

Kira ficou ereta e olhou para a visão de Chepso, que enfraquecia como se desaparecesse. O ímpeto do desespero reanimou sua coragem. Dobrando-se sobre o caixão, ela cravou com toda força o gume brilhante no peito do falecido.

Ouviu-se um chiado, como se fosse ferro incandescente tocando água, e uma nuvem de fumaça negra saiu do triângulo do peito.

Os olhos do cadáver se abriram, lançando um olhar de acusação e uma expressão de sofrimento terrível para Kira. No mesmo instante, a boca se abriu um pouco e de lá saiu uma bola brilhante e fosfórica que, em seguida, desapareceu no ar.

– Tire rapidamente a faca e jogue-a para cá no lenço – ordenou Gassan.

Kira obedeceu sem objeção.

Ouviu-se um fortíssimo ribombo de trovão, parecendo uma explosão, que sacudiu todo o prédio até o alicerce; depois se instalou o silêncio.

Esgotada, Kira perdeu os sentidos.

– Deixe a senhora, depois a faremos voltar a si. Todo perigo já passou. Primeiramente deve terminar tudo aqui – disse Gassan ao marquês, aproximando-se do cadáver.

Kervadeque olhou e ficou horrorizado. O corpo, que alguns momentos antes ele tinha visto inteiro, desagregara-se numa massa maleável e viscosa, coberta de pele fina e escura, que parecia no fundo do caixão algo como a forma de uma serpente.

Gassan derrubou as velas para dentro do caixão, esvaziou lá um saquinho de incenso, cobriu por cima com o pano de linho com alguns sinais desconhecidos para o marquês e, depois de dizer uma fórmula mágica, fechou a tampa.

Depois de limpar cuidadosamente os três círculos desenhados no chão, ele ajudou Kervadeque a fazer com que Kira recuperasse os sentidos. O marido esfregou o rosto dela com um líquido dado por Gassan e despejou em sua boca algumas gotas de uma droga vermelha, depois que ela voltou a si e disse que era capaz de ir para casa.

WERA KRIJANOWSKAIA DITADO POR *J.W. Rochester*

Havia uma desordem terrível na capela, lá em cima, iluminada por uma lanterna fraca, pendurada na parede. Os vidros da janela haviam sido partidos e todas as coisas estavam dispersas e quebradas.

— Olhe como o diabo se enfureceu! — observou Gassan, apontando os fragmentos dispersos pelo chão. — Agora deve tomar um banho e ir dormir — acrescentou ele, sorrindo com bonomia.

Lá fora estava um tempo sereno, mas as poças enormes, os galhos quebrados, a árvore desarraigada e derrubada, obstruindo a alameda, demonstravam a fúria do furacão que tinha passado.

Ao voltar para casa, Kira foi a primeira a tomar banho; depois dela, o marquês e, em seguida, Gassan. Depois disso o circassiano queimou toda a roupa que estivera no corpo deles na fogueira de zimbro e de galhos de árvore resinosa.

Caindo de cansaço, o marquês imediatamente deitou na cama nem trocando impressões com Kira, que já dormia como morta.

Depois de dormir cerca de 12 horas, o casal acordou, sentindo uma tranquilidade que já fazia tempo não sentia. Rindo e chorando de alegria, Kira lançou-se aos braços do marido.

— Finalmente nós reconquistamos a nossa felicidade e o fantasma terrível não se erguerá mais entre nós.

— Sim, graças a Deus! O feitiço infernal levantou-se contra nós e nós nos convencemos com nossos próprios olhos do quanto Hamlet estava certo, ao dizer a Horácio que há no mundo muitas coisas sobre as quais os "sábios" nem suspeitam — respondeu, alegre, o marquês, beijando a esposa.

— Temos que recompensar generosamente o nosso excelente ajudante Gassan — notou Kira. — Depois eu quero vender a estância. Nunca mais pisarei neste lugar e aspiro a sair daqui o mais rápido possível. Todos os meus nervos tremem ao lembrar essa noite horrível.

— Compreendo você, querida, e compartilho totalmente da sua intenção de vender a propriedade maldosa, o que não será difícil de fazer. Com muito prazer, posso dar-lhe a boa notícia de que nosso vizinho deseja comprar toda a estância por um bom preço. Ontem, o administrador dos bens informou-me sobre isso.

– Por favor, aproveite e feche esse negócio rapidamente. Doarei a metade desse dinheiro apurado para construir aqui uma igreja em memória do falecido Alexei. Lembrei-me de que ele tinha planos de construir aqui uma igreja, em vista de que nossa aldeia tornara-se velha.

O marquês aprovou a intenção de sua esposa e os dois, felizes, foram ao refeitório, onde Gassan os esperava. O jovem circassiano disse que pretendia partir à noite, visto que seu mestre estava precisando dele e mandara que voltasse logo que terminasse o caso.

Depois de agradecer calorosamente, o marquês deu-lhe um porta-moedas com uma centena de moedas de ouro e Kira presenteou-o com um luxuoso cinto de prata de esmalte negro e um relógio de ouro com um monograma. Fora disso, o marquês encarregou-o de agradecer Chepso pela ajuda e avisar que eles pessoalmente iriam expressar sua gratidão.

Entretanto, a noite terrível deixara marcas visíveis. O velho administrador de bens e a criadagem informaram aos senhores que a tempestade causara muitos danos ao parque, mas, por um estranho acaso, isso acontecera somente ao redor da capela tumular.

– Lá dentro, tudo estava quebrado e havia poças de água no chão que provavelmente levaram a tinta, porque a água era vermelha como sangue. Mas o mais estranho – acrescentou, fazendo o sinal-da-cruz, o administrador de bens – é que o carvalho de cem anos que havia atrás da capela foi arrancado com a raiz. Ele foi atingido por um raio, que arrancou parte da casca, e nas partes desnudas pode-se ver algo parecido com cabeça de gata gravada.

O marquês interessou-se e foi examinar aquela marca estranha, mas Kira recusou-se categoricamente a acompanhá-lo.

– Durante este ano eu já vi o bastante toda espécie de horrores diabólicos e diversas aventuras extraordinárias, por isso não quero ver mais nada – avisou ela decididamente.

– É simplesmente maravilhoso! – rindo, disse depois o marquês. – Na árvore está fixada uma figura, como se fosse uma verdadeira cabeça de gata com bigodes eriçados. Deve ser o retrato de Maleinen na última encarnação. As poças de sangue também são bem visíveis. Examinei tudo, mas não toquei em nada. Quem sabe que diabo se esconde atrás de tudo isso! Atualmente não sou tão cego, mas lamento sinceramente que Gassan tenha partido e não tenha visto isso.

O jovem casal começou a vender a estância com uma pressa febril e logo fecharam negócio. Kira doou 175 mil rublos para construir a igreja em intenção à alma de Alexei Arkadievitch.

Após alguns dias, o marquês e sua esposa partiram definitivamente para São Petersburgo. Eles não queriam passar nem mais uma noite na vizinhança de Bassarguin.

Ao voltar para a capital, o jovem casal primeiramente descansou, depois começou a arranjar os seus negócios, em vista de uma viagem longa que se aproximava.

Eles decidiram, antes de tudo, passar alguns meses no castelo herdado na Bretanha – para, finalmente, gozarem sossegados a felicidade conquistada – e passar o inverno em Paris. Para ficar completamente desocupado e dedicar-se aos seus negócios, o marquês até se demitiu.

Mas, antes da partida, eles decidiram ir ao Cáucaso visitar Chepso.

– Ele é o nosso benfeitor e, além disso, um verdadeiro mago. Eu quero conhecê-lo, sem falta, pessoalmente – disse o marquês.

Agora, Kira ia ao Vladicáucaso sentindo-se totalmente diferente de como se sentira na primeira vez em que lá estivera. Ela parecia livrar-se de um grande peso: estava indescritivelmente feliz.

O mesmo velho montanhês os acompanhou à aldeia onde morava Chepso. O mago e Gassan foram ao encontro do casal com alegria.

Chepso estava contente e honrado com o agradecimento caloroso deles e aceitou, com gratidão, muitos presentes valiosos, que eles lhe ofereceram.

FEITIÇO INFERNAL

Depois do almoço, quando eles estavam sentados diante da *sáclia* dele, comentando o findo drama assustador cuja vítima fora Kira, Chepso notou:

– As pessoas são como crianças insensatas. Acham que se seus olhos não veem nada, então não existe nada de invisível. Porém, um mundo inteiro, cheio de mistérios terríveis, esconde-se no ambiente que as cerca, aparentemente tão transparente e limpo! As pessoas de um modo geral estremeceriam se vissem como, ao microscópio, seres repugnantes, armados de forças gigantescas, pululam, porque o mundo invisível é incomparavelmente mais habitado que o visível. Toda essa massa astral fervilha como num formigueiro e parasita os vivos, tentando criar uma ligação que lhes dê a possibilidade de se tornarem visíveis e gozar, através do corpo vivo do homem, aquelas paixões que eles já não podem satisfazer. O ignorante gênero humano não sabe quanto precisa ser prudente em suas ações, palavras e até em seus pensamentos. Frequentemente, as pessoas convocam para si esses inimigos invisíveis, os quais depois as levam à perdição. Qualquer maldição, qualquer invocação de um demônio cria a ligação entre o homem e um dos espíritos do mal, que só estão aguardando a ocasião em que alguém, num momento de cólera, os convoque. Tal convocação reflete-se no ar na forma de um sinal específico e misterioso de convocação; em consequência da excitação da pessoa e com esse sinal, o espírito do mal, como que através de uma frincha, penetra em sua vítima e se fixa nela. Chamar um demônio é fácil, mas depois dominá-lo e expulsá-lo requer bons conhecimentos e força!

O marquês ouvia o discurso de Chepso com ar pensativo.

– Eu entendo a razão das palavras do senhor, Chepso – disse ele finalmente –, e, com toda a sinceridade, posso lhe dizer que a lição terrível que recebi não foi à toa. Eu deixei de ser incrédulo e ateu; estou convencido de que meu encontro com um homem tão poderoso e sábio como o senhor estava previsto para minha instrução definitiva...

Chepso olhou para ele atentamente e sorriu bondosamente.

– O senhor, claro, gostaria de usar o nosso encontro para dar uma olhada nesse "mundo invisível", sobre o qual eu tenho um certo poder?

O marquês ficou vermelho.

— O senhor está lendo meus pensamentos, Chepso, o que, entretanto, é natural para uma pessoa tão extraordinária como o senhor...

Ele parou por um minuto.

— Aliás, eu não gostaria de ver algo muito medonho.

Chepso fez um aceno afirmativo com cabeça.

— Vou mostrar-lhes esta noite o espírito de Bassarguin, finalmente libertado e purificado. Isso lhe dará prazer, porque ele, por sua vez, também deseja ver e despedir-se daquela que foi sua esposa. Não será assustador, não tenha medo. Agora vão dormir e descansem até que eu os acorde.

Depois da meia-noite, Chepso, o marquês com sua esposa e Gassan saíram para a rocha sobre o abismo onde Kira já tinha estado, quando tinha convocado Maleinen.

Depois de deixar o marquês e sua esposa no nicho da rocha, Chepso e Gassan ocuparam-se com preparativos da convocação, bem mais simples que a primeira vez.

Após fumar incenso, Chepso acendeu na pedra de basalto ervas de odor agradável e, sobre o abismo, desenhou no ar sinais cabalísticos; depois começou a cantar uma canção arrastada e harmoniosa.

Depois de algum tempo, no azul-escuro do céu começaram a se mostrar os contornos luminescentes de um enorme portão arqueado, sobre o qual resplandecia a cruz, e uma faixa larga de luz deitou-se como ponte acima do abismo.

Depois, uma pequena nuvem acinzentada apareceu por dentro do arco luminoso, a qual tornou-se mais espessa, tomou a forma de corpo humano, começou a andar pelo caminho de luz e parou diante de Chepso.

A imagem mortiça condensou-se e, de repente, na frente dos presentes apareceu, como vivo, Bassarguin. Sua cabeça foi rodeada de um largo círculo de luz. Não havia fumaça negra, nem exalava dele o cheiro de cadáver; a expressão de paz e felicidade estava estampada nos traços transparentes de seu rosto.

Seus olhos, grandes e cinzentos, olhavam para Kira com brandura e simpatia e no seu peito brilhava a cruz cor de fogo.

Sentindo-se dominada pelo remorso, Kira ajoelhou-se e rompeu em pranto.

– Perdoe-me, Alexei, todo o mal que eu lhe causei. Eu pequei pela ignorância e toda a vida vou orar pela sua alma – murmurou ela, estendendo as mãos na sua direção.

– Perdoo. Estou livre e feliz. No meu coração não há rancor contra vocês. Sejam felizes e isto é para você como lembrança minha – ouviu-se a voz tranquila e sonora, mas já como se afastando. Nesse momento, o buquê de lírios e camélias caiu aos pés de Kira. Em seguida, a visão desapareceu. Chepso apanhou o buquê e deu-o a Kira.

– Não tenha medo. Aceite o último sinal do seu amor. As flores são puras.

Quando, depois, o casal ficou a sós no quarto que ocupava naquela noite, Kira, ao ver as flores misteriosas, apertou-as contra os lábios e algumas lágrimas escorregaram dos seus olhos sobre as pétalas acetinadas.

– Alexei foi fiel aos seus hábitos: não veio sem um buquê – notou o marquês, sorrindo.

– Eu não merecia tanto amor e tanta indulgência. Era ingrata, tratava-o mal – sussurrou Kira.

– Vamos homenagear sua memória com a recordação eterna e grata dele – respondeu-lhe seriamente o marido. O passado penoso passou. Começaremos uma vida nova, sensata, ativa; estudaremos os mistérios da natureza, os quais, infelizmente, foram pouco estudados e sobre os quais a cortina se levantou um pouco para nós. "O invisível" é não somente curioso, como acham as pessoas fúteis e ociosas que desejam se divertir imprudentemente até com os mistérios sombrios do mundo do além. Não! O mundo invisível é perigoso e o homem deve encarar "O livro dos sete selos" sempre tirando o chapéu com temor e estremecimento.